MARIO-MAX PRINZ ZU SCHAUMBURG-LIPPE

Hellsehen – leicht gemacht

GOLDMANN

Lesen erleben

Buch

Hellsehen, eine Gabe für wenige Auserwählte? In der Geschichte gab und gibt es immer wieder außergewöhnliche Seher. Charismatische Persönlichkeiten, deren mystische Aura das Geheimnisvolle der Prophezeiungen noch verstärkte. Nur wenigen wurde und wird ein Einblick gewährt. Dabei ruht in jedem von uns die Befähigung zur Hellsichtigkeit. Wir müssen nur lernen, unsere Kanäle zu öffnen und all unsere Sinne entsprechend zu schärfen und schulen. Der Autor erklärt Schritt für Schritt wie man diese seine Gabe erkennt und entwickelt. Mit Hilfe einfacher Übungen, lernen wir das Gesehene richtig einzuordnen und zu verstehen. Wir lernen, mit Verstorbenen zu kommunizieren und erhalten Antworten auf zentrale Fragen, die hellsichtig veranlagte Menschen bewegt.

Autor

Mario Max Prinz zu Schaumburg-Lippe ist Jurist, Designer, Sänger und Moderator mit hellsichtigen Fähigkeiten. Als Experte auf diesem Gebiet hat er eine große Fangemeinde auf Astro-TV. Darüber hinaus ist er regelmäßiger Key Note-Speaker auf dem Lebensfreude-Kongress. Prinz Mario Max lebt und arbeitet überwiegend in Salzburg und Monaco.

Mario Max Prinz zu Schaumburg-Lippe

Hellsehen – leicht gemacht

Wie wir unsere Kanäle öffnen

GOLDMANN

Verlagsgruppe Random House FSC® N001967
Das für dieses Buch verwendete
FSC®-zertifizierte Papier *München Super*
liefert Arctic Paper Mochenwangen GmbH.

1. Auflage

Originalausgabe August 2014
© 2014 Wilhelm Goldmann Verlag, München,
in der Verlagsgruppe Random House GmbH
Umschlaggestaltung: UNO Werbeagentur, München
Umschlagmotiv: © André Schüssler/ Copaz Photography
Lektorat: Daniela Weise, München
SSt . Herstellung: cb
Satz: EDV-Fotosatz Huber/Verlagsservice G. Pfeifer, Germering
Druck: GGP Media GmbH, Pößneck
Printed in Germany
ISBN 978-3-442-22065-6

www.goldmann-verlag.de

Inhalt

Vorwort.   11

I   Einführung in die Welt des Hellsehens

Worum es wirklich geht   17
Lernen Sie sich selbst kennen   17
Was Kleidung mit unserem Inneren zu tun hat   19
Leitlinien für ein glückliches Leben   21
Kann die Wissenschaft alles beantworten?   24
Vom Sinnlichen zum Übersinnlichen   26
Gibt es die richtige Methode?   27
Sinneserlebnisse durch Selbstüberwindung   28
Sie sind ein Hellseher!   30
Das Vorstellungsvermögen schulen   32
Hellsichtige Erlebnisse.   33
Grundlagen schaffen   36
Das Wunder Leben   38
Schärfen Sie Ihre Sinne!   39

Bewusst leben und von Zeit zu Zeit Neuanfänge
wagen 48

2　Die fünf Sinne und darüber hinaus

Vom Sehen zum Hellsehen 52
　Das Auge und der Prozess des Sehens 52
　Das Sehen verfeinern und trainieren als Vorbereitung
　für das Hellsehen 54
Vom Hören zum Hellhören. 55
　Das Ohr und der Prozess des Hörens 56
　Das Hören verfeinern und trainieren als Vorbereitung
　für das Hellhören 59
Vom Riechen zum Hellriechen 68
　Die Nase und der Prozess des Riechens 68
　Das Riechen verfeinern und trainieren als Vorbereitung
　für das Hellriechen 69
Vom Schmecken zum Hellschmecken 74
　Die Zunge und der Prozess des Schmeckens. 74
　Das Schmecken verfeinern und trainieren als
　Vorbereitung für das Hellschmecken. 75
Vom Tasten zum Helltasten. 77
　Die Haut – unser Tastorgan 77
　Das Tasten verfeinern und trainieren als Vorbereitung
　für das Helltasten 78
Weitere Sinne 81
Wichtige begleitende Maßnahmen 82
　Die eigenen Empfindungen richtig einschätzen 83

Die Alltagssinne und die Hellsinne schärfen 83

Ihr persönlicher Schutzmantel 84

Der sechste Sinn 86

Gedächtnis der Sinne 88

3 Wie Sie zu stimmigen Einsichten gelangen

Energiequellen. 89

Mitmenschen 90

Bewegung und Natur 90

Tiere 91

Nahrung 92

Im Schlaf die Sinne pflegen 93

Vertrauen in den Fluss des Lebens 94

Musik 95

Glaube. 95

Lebensbereich-Erheller 96

Die eigenen Wahrnehmungen überprüfen. 98

Das missglückte Geschenk 100

Der schwarze Tag 102

4 Übungen für Hellseher

Übungen für das Hellsehen. 109

Übungen für das Hellhören. 111

Übungen für das Hellriechen 114

Übungen für das Hellschmecken. 115

Übungen für das Helltasten. 116

Weitere Übungen 117

5   MIT VERSTORBENEN KONTAKT AUFNEHMEN

Was wir vom Tod für das Leben lernen können 125
Möglichkeiten der Kommunikation mit Verstorbenen . . 127
Rituale für Verstorbene 130
Treffen Sie Vereinbarungen 132
Marilyn Monroe und John F. Kennedy 133
Damit der Spuk ein Ende hat 134

6   DEUTUNG VON GESEHENEM

Lexikon von A–Z 137

7   HELLSEHEN FÜR ANDERE UND HELLSEHEN ALS BERUF

Für andere sehen 145
Von der Berufung zum Beruf 148
Der passende Ort 148
Wie werden Sie bekannt? 149

8   DIE WICHTIGSTEN FRAGEN

Begriffe rund um das Thema Hellsehen 151
Verschiedene Methoden 156
Zu meiner Person und meinen Erfahrungen 157
Über Hellseher 158

Für alle Lebenslagen 161
Was Sie mit Hellsehen herausfinden können und
wo Sie es besser sein lassen sollten 164
Schutzengel, Verstorbene und Tiere............... 166

Schlusswort................................... 169

ANHANG

Selbsttests 171
   Power Box 171
   Optische Tests.............................. 176
Danksagung 187
Über den Autor............................... 189

VORWORT

Liebe Leserin, lieber Leser,

herzlich willkommen in der Welt des Hellsehens!

Ich spüre, wie es Ihnen geht, obwohl Sie nicht vor mir stehen. Nun werden Sie sich vielleicht fragen: »Spinnt der? Wie soll er überhaupt wissen, wer ich bin? Und wo ich mich befinde? Vermutlich ist er viele Kilometer entfernt. Und da will er mich spüren?«

Ich meine es ernst: Ich spüre, dass wir gleiche Interessen haben und davon fasziniert sind, Dinge zu entdecken, die uns neu sind, und immer weiter zu lernen. Die Entfernung spielt dabei überhaupt keine Rolle. Und ich weiß, dass Sie wie ich bestimmte Fähigkeiten besitzen, die Ihnen angeboren sind, von denen Sie aber bislang möglicherweise gar nichts wussten. Von diesen Fähigkeiten handelt das Buch, das Sie in Händen halten. Ihre Herkunft und Ihr familiärer Hintergrund spielen dabei keine Rolle, auch nicht wo Sie geboren sind und welche Schulbildung und Ausbildung Sie haben.

Von dem Augenblick an, in dem Sie dieses Buch aufgeschlagen haben, waren Sie bereits gedanklich mit mir verbunden. Es heißt immer: Es gibt keinen Zufall – vielmehr fällt uns etwas zu. Aus der unvorstellbaren Anzahl an Büchern haben Sie genau meines ausgewählt. Ich habe monatelang vor dem Computer gesessen und darüber nachgedacht, wie ich Sie mit praktischen Beispielen zur Kunst des Hellsehens und der anderen Hellsinne führen kann. Und das, was ich daraufhin zu Papier gebracht habe, halten Sie jetzt in Händen.

Es ist mir ein Herzensanliegen, die in Ihnen schlummernden Talente zu wecken und zu fördern. Ich möchte Ihnen helfen, Ihre Wahrnehmungen zu verfeinern und intensiver zu erleben. Vielleicht fühlen Sie Dinge, die Sie nicht einordnen können. Auch dabei werde ich Ihnen helfen. Ich möchte Ihnen auch von meinen persönlichen Erfahrungen berichten und von Erlebnissen, die für mich von Bedeutung waren.

Im Leben gibt es Begegnungen, sei es auf Zugreisen, im Kaffeehaus, in einer Warteschlange vor einem Amt, beim Elternabend, im Flugzeug, in der Bibliothek oder im Bus, wo wir uns plötzlich einem fremden Menschen anvertrauen. Dieser ist aber nur scheinbar fremd. In Wirklichkeit ist er mit uns verbunden. Leider nehmen sich die meisten von uns nicht die Zeit und haben auch nicht den Mut, sich darauf näher einzulassen, da sie nicht als Spinner gelten wollen. Oder sie haben Angst vor Ausgrenzung, wenn sie zu ihren Wahrnehmungen stehen.

Auch aus diesem Grund habe ich dieses Buch geschrieben: damit Sie erkennen können, dass Ihre Wahrnehmungen stimmen, dass Sie nicht verrückt sind, und dass es viele Menschen gibt, die ähnliche Erfahrungen gemacht haben. Durch Begegnungen und Gespräche lerne ich täglich dazu. Manches fühle ich intensiver als andere, aber ich bin kein Heilsbringer, kein Zauberer oder Guru, sondern ein Mensch wie Sie.

Alles, was ich kann, können auch Sie lernen, wenn Sie es sich zugestehen, wenn Sie sich Neuem öffnen und vor allem wenn Sie üben, üben, üben. Mit Ausdauer und spielerischer Leichtigkeit werden Sie Ihr Ziel, hinter die Dinge zu schauen und Ihren Empfindungen zu trauen, erreichen.

I
EINFÜHRUNG IN DIE WELT
DES HELLSEHENS

Was aber bedeutet eigentlich Hellsehen? Es ist ein Sehen über Raum, Zeit, Materie hinaus und geschieht innerhalb von Zehntelsekunden. Manchmal sehen wir etwas aus der Vergangenheit, dann wieder etwas aus der Gegenwart oder aus der Zukunft. Wir nehmen etwas wahr, und es kann Helles genauso wie Dunkles sein: wunderschöne Szenarien wie unsere Hochzeit oder auch ein bevorstehender Unfall. Das Faszinierende ist: Es kann manchmal wie in Zeitlupe ablaufen oder aber wie beim Schnellabspielen eines Filmes.

In diesem Buch werde ich Sie nicht nur mit dem Hellsehen vertraut machen, sondern auch mit den anderen Hellsinnen: dem Hellhören, dem Hellriechen, dem Hellschmecken und dem Helltasten. Denn der Kanal für das Hellsehen steht nur zur Verfügung, wenn auch die anderen Hellsinne geöffnet sind. Hellsehen wird auch als Königsdisziplin der Hellsinne betrachtet, und nur wenn Körper und Geist bereit sind, lassen sie das Hellsehen zu.

Jeder von uns nimmt etwas anderes wahr. Andere Menschen können Ihnen helfen, sie können Ihnen einen Weg zeigen, aber niemand kennt Ihr Leben, Ihre Bedürfnisse, Ihre Geheimnisse, Ihre Wünsche, Ihre Sorgen, Ihre Hoffnungen besser als Sie selbst.

Die Kunst des Sehens kann man erlernen. Wissen, was kommt, erkennen, wie es weitergeht, und vor allem das sehen, was anderen verborgen bleibt: Das ist die Welt der Seher! Wer sich auf fundierte Weise auf das Hellsehen einlässt, der stellt schnell fest: Es kann das eigene Leben verändern. Es macht Dinge, die sich dem Verstand entziehen, klar und nachvollziehbar. Andere werden Sie um Rat fragen, um ebenfalls von Ihrer Hellsichtigkeit, die Sie mit diesem Buch erlernen, zu profitieren.

Und erstmals muss man dazu nicht um die Welt reisen und die großen Meister befragen. In diesem verständlich geschriebenen Buch teile ich mein Wissen mit Ihnen. Wirklich jeder kann davon profitieren. Das Leben wird klarer und einfacher, weil man mehr weiß – über sich selbst und über seine Mitmenschen.

Möglicherweise sind Sie mit dem Hellsehen schon weiter fortgeschritten, als Ihnen klar ist? Ein Freund sagt beispielsweise etwas, und es ist genau das, was Sie gerade gedacht haben. Ist Ihnen das auch schon passiert? Es ist, als hätten Sie seine Gedanken gelesen. Oder Sie kommen in eine Behörde und spüren, was der Beamte denkt. Sie hören seine Worte, obwohl er nicht spricht. Nach der Amtshandlung erkennen Sie, dass genau das eingetreten ist, was Sie gehört haben.

Falls Sie so etwas bisher noch nicht erlebt haben, werden Sie es höchstwahrscheinlich erleben, je häufiger Sie üben und je mehr Sie nach innen horchen. Diese Gabe kann Ihnen das Leben erleichtern. Sie werden immer öfter spontan handeln, weil Sie Ihre innere Stimme am richtigen Tag mit den richtigen Menschen zusammenführt.

Worum es wirklich geht

Jedoch, was ist das Ziel? Das einzige Ziel, das wirklich zählt, ist es, möglichst glücklich zu sein. Manchmal führt genau ein Irrweg oder das Im-Kreis-Gehen zum Ziel. Wenn Sie merken, Sie sind auf dem falschen Weg, halten Sie an und suchen Sie den für Sie richtigen Weg. Ich möchte Sie dazu ermutigen, Ihren ganz persönlichen Weg im Leben zu gehen und sich durch niemanden davon abhalten zu lassen.

Lernen Sie sich selbst kennen

Ich habe jetzt einige Fragen an Sie. Nehmen Sie sich Zeit für die Beantwortung. Denken Sie in Ruhe über alles nach. Machen Sie sich am besten ein paar Notizen dazu.

❀ Wie geht es Ihnen heute?
❀ Was haben Sie für einen Tag hinter sich bzw. noch vor sich?

- ❀ Sind Sie entspannt oder aufgeregt?
- ❀ Haben Sie heute schon etwas getan, was Ihnen ganz persönlich guttat?
- ❀ Haben Sie heute schon geweint?
- ❀ Haben Sie heute schon gelacht?
- ❀ Haben Sie heute schon jemandem geholfen?
- ❀ Haben Sie heute schon einmal »Danke« gesagt?
- ❀ Haben Sie heute lieb an jemanden gedacht?
- ❀ Sind Sie gerade glücklich, erfüllt, erfolgreich, fröhlich?
- ❀ Oder sehen Sie eher betrübt in die Welt?

- ❀ Weshalb haben Sie sich dieses Buch gekauft?
- ❀ Haben Sie schon Erfahrungen mit Hellsehen?
- ❀ Kennen Sie in Ihrem Umfeld hellsichtige Menschen?
- ❀ Vertrauen Sie generell Ihren Wahrnehmungen, Ihren Gefühlen, Ihrer Intuition, Ihren Eingebungen?

- ❀ Wollen Sie an sich arbeiten oder wollen Sie sich einfach nur unterhalten und amüsieren?
- ❀ Wo liegt Ihre Berufung?
- ❀ Wie wollen Sie Ihr Leben leben?
- ❀ Mit wem wollen Sie Ihr Leben teilen?
- ❀ Was ist Ihre allergrößte Sehnsucht?
- ❀ Was ist Ihr wichtigstes Ziel?
- ❀ Wohin führt Sie die Reise Ihres Lebens?

Warum ich das alles wissen will? Ich möchte, dass Sie mehr über sich selbst erfahren. Dass Ihnen bewusst wird, womit und mit wem Sie Ihre Zeit verbringen. Wer Sie wirklich sind und wohin Ihr Weg Sie führt. Ich hoffe, mit diesem Buch dazu beizutragen, dass sich Ihr Leben zum Positiven verändert. Dass es (noch) schöner, selbstbestimmter und aufregender wird. Meine Absicht ist es, Ihnen dabei zu helfen, leichter Entscheidungen zu treffen und alles, was Ihrem Glück im Wege steht, Stück für Stück aus Ihrem Leben zu entfernen.

Manches lässt sich schneller verändern, anderes braucht länger, aber eines weiß ich mit Sicherheit: Sie können das Leben führen, das Sie sich wünschen.

Was Kleidung mit unserem Inneren zu tun hat

Sehr interessant und erkenntnisbringend ist es auch, sich einmal am Morgen selbst beim Anziehen und der Auswahl der Kleidungsstücke zu beobachten. Natürlich sind Jahreszeiten und Temperatur immer hauptausschlaggebend für die Kleidungswahl. Wie aber sieht es mit der Wahl von saisonspezifischen Kleidungsstücken aus? Und: Man fühlt sich nicht jeden Tag in demselben Kleidungsstück wohl. An manchen Tagen hüllt man sich in dunkle Erdfarben, an anderen gleicht man einem Regenbogen und es kann gar nicht bunt genug sein. Woher kommen die individuellen Vorlieben? Warum hat man seine ganz bestimmten Lieblingskleidungsstücke, und was sagt das über die jeweilige Stimmungslage aus? Bin ich heute energiegeladen, müde, glücklich, traurig, krank, sportlich, seriös, in Partystimmung? Versuchen Sie einmal genau zu hinterfragen, warum Sie in einer bestimmten Situation oder Stimmung zu einem bestimmten Kleidungsstück greifen. Stellen Sie Zusammenhänge zwischen Ihrer Stimmung und Ihrer Tagesverfassung her, eventuell mit Hilfe von Notizen, die Sie sich machen.

Ich habe festgestellt, dass ich, wenn ich bunt gekleidet bin, besonders abenteuer- und unternehmungslustig bin. Meine Kleidung transportiert quasi meinen inneren Schwung nach außen und zeigt meinen Mitmenschen: Der ist aber heute gut gelaunt, der sprüht vor Lebensfreude und Energie!

Manchmal will man sich jedoch nur in seinen Hoodie kuscheln und einen Schal umlegen. Das passiert meistens, wenn man ein wenig müde ist oder es draußen regnet und man sich vor äußeren Einflüssen gewissermaßen abpolstern und schützen will.

Erdfarben vermitteln eine gewisse Gelassenheit. Sie zeigen, dass ihr Träger heute nicht auffallen will und im Einklang mit sich selbst steht.

Schwarz wirkt auf andere immer ein bisschen streng und seriös. Warum sind die meisten Businesskleider und -anzüge schwarz? Genau aus diesem Grund. Schwarz ist ein Zeichen für Seriosität und auch Angepasstheit.

Es macht Spaß, diese Zusammenhänge zu erforschen. Sie haben immer Gelegenheit dazu, wenn Sie sich für eine bestimmte Kleidung entscheiden, also mindestens einmal täglich. Das ist jeden Tag eine weitere Möglichkeit, sich selbst besser kennenzulernen.

Leitlinien für ein glückliches Leben

Gehen Sie auf Entdeckungstour zu sich selbst und lassen Sie sich von niemandem entmutigen. Am wichtigsten ist es, die Aufmerksamkeit auf sich selbst zu richten und dabei die eigenen Bedürfnisse kennenzulernen. Dann kann sie losgehen, die Reise in eine neue bzw. alte Welt. Neue Welt heißt, dass Sie auf ein neues Leben zugehen, und alte Welt, dass Sie dabei alles Gute aus der vertrauten Welt mitnehmen. Grundsätzlich gilt: Sie haben in Ihrem Leben immer die Wahl, ob Sie sich um Ihre Weiterentwicklung bemühen oder Stillstand zulassen. Hier ein paar Leitlinien für ein glückliches Leben:

- ✿ Wählen Sie in Ihrem Leben den Weg der Güte und Großzügigkeit. Lassen Sie Geiz nicht zu. Er würde Sie einengen, sorgt für Verbitterung und saugt die Lebensfreude aus. Nicht nur Geiz gegenüber anderen Menschen ist schädlich, auch mit sich selbst sollte man niemals geizig sein. Verwechseln Sie aber bitte nicht Sparsamkeit mit Geiz – Sparsamkeit ist im Gegensatz zu Geiz vernünftig und notwendig.
- ✿ Erfreuen Sie sich an den Gaben und Talenten Ihrer Mitmenschen, anstatt andere zu beneiden. Neid hemmt die eigene Entwicklungsfähigkeit, denn neidische Menschen schielen stets nach anderen und fragen sich: Warum bin nicht ich es, der Erfolg hat, warum der/die andere? Dieses Denken ist falsch. Eher sollte man sich auf seine eigenen

Fähigkeiten besinnen und sich fragen: Wie kann ich meine eigenen Talente fördern und ausbauen? Wie erreiche ich meine Ziele?

❁ Zeigen Sie Empathie und Mitgefühl, wenn es anderen in Ihrem Umkreis nicht so gut geht! Versuchen Sie, deren Probleme zu verstehen und ihnen zuzuhören. Gemeinsam im Gespräch Lösungen zu finden, ist der richtige Ansatz. Ein gönnerhaftes »Selbst schuld« oder »Ich hab's dir schon immer gesagt« hilft niemandem. Irren ist menschlich, und Boshaftigkeit tut weder Ihnen noch dem Leidtragenden gut. Wenn ich Beratungsgespräche führe, versuche ich immer, den Menschen aus sich heraus zu verstehen, für seine individuellen Probleme und Sorgen Lösungen zu finden und ihm zu helfen. Manchmal ist es auch schon hilfreich, anderen einfach nur zuzuhören. Nehmen Sie sich dafür Zeit. Sie werden sehen, dass auch Sie selbst von solchen Gesprächen profitieren.

❁ Leben Sie ein Leben in Freiheit! Natürlich hat jeder von uns seine Verpflichtungen – sei es Beruf oder Haushalt oder Kinder etc. –, denen er nachgehen muss. Lassen Sie sich von »lästigen« Pflichten nicht einengen und gefangen nehmen. Versuchen Sie, alle Ihre Arbeiten mit Freude zu erledigen und auch Unangenehmes anzunehmen. Sobald Sie sich gefangen in Ihrem Alltagstrott fühlen, brechen Sie aus! Das heißt nicht, dass Sie alles hinwerfen sollen – im Gegenteil: Versuchen Sie doch einfach mal, Ihre Routine mit kleinen Änderungen zu durchbrechen: Wenn Sie zur Arbeit fahren, steigen Sie einfach einmal ein oder zwei Stationen früher aus der Bahn und gehen den Rest zu Fuß. Oder gönnen Sie sich mehr Zeit für sich und lesen ein interessantes Buch, anstatt den Abend vor dem Fernseher zu verbringen. Oder machen Sie ein paar Gymnastikübungen vor dem TV. Sie werden sehen: Bereits kleine Änderungen führen zum Erfolg und bringen neuen Schwung in Ihr Leben. Lösen Sie sich auch von Mitmenschen, die Sie einengen. Umgeben Sie sich nur mit Menschen, die Ihnen guttun.

❀ Bleiben Sie bei der Wahrheit. Verzichten Sie bewusst auf Lügenkonstrukte. Das ist nur unnötig und anstrengend, denn jede neue Lüge führt zu weiteren Lügen, die man braucht, um die Lügengeschichte aufrechtzuerhalten und glaubwürdig zu machen. Es ist viel besser, zu sich selbst zu stehen und Fehler oder Missgeschicke nicht einfach zu vertuschen. Wenn man lügt, entwickelt man sich nicht weiter, sondern verlagert alles Unerfreuliche nach außen – eine Rechnung, die auf lange Sicht nicht aufgeht.

❀ Verbannen Sie Hass aus Ihrem Leben und nehmen Sie Hingabe in Ihr Leben auf! Hass zerfrisst den Hassenden noch mehr als Neid. Alle Gedanken kreisen nur noch um das Hassobjekt. Wie kann man diesem Menschen schaden? Welche schlechten Eigenschaften kann man finden, um jene Person noch mehr zu verachten? Stop!!! Es macht überhaupt keinen Sinn, einem verhassten Menschen so viel kostbare Lebenszeit zu widmen, indem man über ihn und wie man ihm schaden kann nachdenkt. Negative Gedanken vergiften den Hassenden. Schalten Sie daher Hass ab. Sie müssen nicht jeden Menschen mögen und mit allen beste

Freunde sein. Wenn Sie jemanden nicht leiden können, dann ist es doch das Beste für alle Beteiligten, diesen Menschen einfach nicht zu beachten oder ihm aus dem Weg zu gehen. Widmen Sie Ihre Aufmerksamkeit stattdessen denjenigen, die Sie lieben und schätzen. Das ist gut und glückbringend für beide Seiten.

Wahrscheinlich ist alles Gute und Schlechte in jedem von uns angelegt. Aber die Entscheidung, wie wir leben wollen, können und sollten wir täglich aufs Neue treffen. Denn wir gestalten unsere Gegenwart und unsere Zukunft jeden Tag. Die Vergangenheit können Sie zwar nicht mehr ändern, aber Sie können sich entscheiden, wie Sie mit dem, was Sie erlebt haben und was Ihnen widerfahren ist, umgehen und welche Macht Sie der Vergangenheit über Ihre Gegenwart und Zukunft geben. Dieses Buch soll Sie auch zum Nachdenken über Ihre Bedürfnisse anregen, es soll Sie inspirieren und ermutigen. Sie treffen, wenn Sie das Buch lesen und die Übungen anwenden, eine wichtige Entscheidung für Ihr weiteres Leben.

Kann die Wissenschaft alles beantworten?

Sich selbst gut zu kennen und darüber hinaus zu verstehen, wie das Leben funktioniert, ist außerordentlich wichtig. Wir suchen ja für sehr viele Dinge und Erlebnisse wissenschaftliche Erklärungen. Die meisten Menschen glauben nur, was mit Zahlen und Fakten bewiesen wurde, alles andere wird als Zufall, Einbildung, Betrug oder Hokuspokus abgetan. Tatsächlich finden Wissenschaftler jeden Tag Neues heraus. Aber stimmt es wirklich, dass nur das wahr ist, was wissenschaftlich bewiesen ist, wohingegen andere Phänomene falsch sind?

Wissen Sie eigentlich, warum Sie dieses Buch in Händen halten? Aus purem Zufall? Was ja nichts anderes heißt, als dass Ihnen dieses Buch *zugefallen* ist. Oder haben Sie bereits Dinge erlebt, denen Sie auf den Grund gehen wollten? Als Sie zum Beispiel einmal gerade an eine liebe Schulfreundin dachten, mit der Sie durch dick und dünn gegangen sind, die Sie dann aber aus den Augen verloren haben – und plötzlich stand sie vor Ihnen, ausgerechnet an einem Tag, an dem Sie spontan einen anderen als den gewohnten Weg zur Arbeit eingeschlagen haben. War das wirklich Zufall, oder war es eine höhere, unbekannte Macht, die Sie an diesem Tag dazu gebracht hat, sich auf einen bestimmten, vorher nicht geplanten Weg zu begeben?

Oder Sie suchen dringend einen neuen Zahnarzt, und plötzlich hören Sie, wie eine Supermarktmitarbeiterin einer Kollegin erzählt, sie könne jetzt endlich wieder einen Apfel essen, da sie kürzlich so einen kompetenten und lieben Zahnarzt entdeckt habe?

Viele Menschen, die so etwas erlebt haben, wissen aus ihrem Bauchgefühl heraus, dass es mehr zwischen Himmel und Erde gibt, als wissenschaftlich bewiesen ist. Erzählen Sie nicht alles, was Sie erleben, Menschen, die keinen Sinn für diese Gaben haben oder sie gar ablehnen oder verspotten. Das kann demotivierend sein. Vielleicht ist die Wissenschaft eines Tages so weit, dass sie das Phänomen der Hellsicht erklären kann. Freuen Sie sich darauf! Ich glaube daran, da sich mittlerweile immer mehr Forscher und strenge Naturwissenschaftler mit solchen Phänomenen beschäftigen.

Vom Sinnlichen zum Übersinnlichen

Wir nehmen mit unseren fünf körperlichen Sinnen – Sehen, Hören, Riechen, Schmecken und Tasten – die Umgebung wahr. Diese Wunder der Natur sind keineswegs selbstverständlich. Sie bereichern uns, und wir sollten jeden Tag dankbar dafür sein.

Unsere körperliche Wahrnehmung ist jedoch längst nicht alles. Es gibt weitere, darüber hinausgehende Wahrnehmungsmöglichkeiten, nämlich übersinnliche. Die bedeutendste ist die Hellsicht. Daneben gibt es auch andere Formen der erweiterten Wahrnehmung wie Hellhören, Hellriechen, Hellschmecken und Helltasten. Manchmal erhält man auf diesen Wegen unmittelbar Eingebungen, manchmal ein wenig später. Am besten funktioniert die hellsichtige Wahrnehmung im entspannten Zustand, wenngleich sie genauso wie unsere fünf körperlichen Sinne auch in Augenblicken höchster Anspannung möglich ist.

Gibt es die richtige Methode?

Es gibt unzählige Zugänge zu übersinnlichen Erlebnissen. Dabei ist es vollkommen egal, welchen Zugang Sie wählen. Probieren Sie einfach verschiedene Techniken aus. Lassen Sie sich von niemandem beeinflussen oder kritisieren. Es gibt nicht *den* Wunderhellseher oder *die* Wunderhellseherin mit dem einzig richtigen Weg. Es gibt Menschen wie Sie und mich. Einige haben die Fähigkeit und die Berufung, ihr Wissen an ihre Mitmenschen weiterzugeben. Ich versuche, meine Erfahrungen und mein Wissen durch Bücher, TV-Sendungen, persönliche Beratungen und meine Produkte an alle zu übermitteln, die dafür aufgeschlossen sind, tiefer in sich hineinzuspüren und Erstaunliches zu entdecken.

Mein Geheimnis im Umgang mit dem Übersinnlichen ist: Bleiben Sie immer aufmerksam und skeptisch und seien Sie stets offen für neues Wissen. Wenn Sie sich diese Neugier gegenüber sich selbst und nach außen hin Ihr Leben lang bewahren, werden Sie nicht nur Ihre Sinne optimal nutzen und fühlen können, sondern auch stets im Einklang mit sich und Ihrer Umgebung sein.

Sie können selbstverständlich Hilfsmittel einsetzen wie I-Ging-Münzen oder das Pendel, oder aber Sie vertrauen rein auf Ihre inneren Fähigkeiten. Mich erinnert das an Kochen. Ob Sie mit Gas, Elektro oder Mikrowelle einen Kuchen backen, ist egal – das Ergebnis ist entscheidend. Sie wünschen sich einen leckeren, wohlschmeckenden Kuchen. Dasselbe auf das Übersinnliche angewandt: Es ist egal, welche Methode Sie wählen, Hauptsache, Sie sind mit dem Ergebnis zufrieden. Und nicht zuletzt gilt: Nicht jeder Lehrer ist für jeden Schüler geeignet, und deshalb können der Lehrer und der Schüler trotzdem beide hervorragend begabt sein. Glauben Sie keinem Berater, der sagt, er wisse für Sie den einzig richtigen Weg. Es gibt viele richtige Wege zum Ziel.

Sinneserlebnisse durch Selbstüberwindung

Als ein Beispiel dafür, was es bringt, die alltäglichen Sinne zurückzunehmen, möchte ich Ihnen eine vielsagende Geschichte aus meiner Familie erzählen:

Meine Lieblingstante hatte einen Autounfall. Die Fachärztin für Unfallchirurgie fand es wichtig und richtig, eine Magnetresonanzuntersuchung anzuordnen. Dabei wird der Körper in eine Röhre geschoben und man muss auf engem Raum ganz ruhig liegen. Meine Tante litt aber schon seit Jahrzehnten unter Klaustrophobie (Platzangst). Die Arztassistentin gab ihr einen sogenannten Panikknopf in die Hand. Wenn der Patient den Knopf drückt, bricht die Assistentin die Untersuchung sofort ab und holt ihn aus der Röhre.

Meine Tante wurde also in die Röhre geschoben und öffnete kurz die Augen. Wie sie mir erzählte, fühlte sie sich beim Anblick der engen Röhre hilflos eingeklemmt, und große Ängste stiegen in ihr hoch. Das grelle Licht blendete sie, und sie kam sich vor wie in einem Sarg. Sie bekam keine Luft mehr und hatte eine Panikattacke mit Herzstechen, Hecheln und Tränen in den Augen. Verzweifelt drückte sie den Knopf. Die freundliche Assistentin befreite sie sofort und beruhigte sie einfühlsam. Sie riet ihr, es noch einmal zu versuchen, da die Untersuchung wirklich wichtig sei. Sie solle dabei aber die Augen geschlossen halten.

Meine Tante zögerte. Sollte Sie aus Angst vor der Röhre auf die wichtige Untersuchung verzichten oder sollte sie es mit geschlossenen Augen noch einmal probieren? Die Assistentin drängte sie nicht, sondern ließ ihr Zeit, die für sie richtige Entscheidung zu treffen.

Meine Tante entschied sich trotz großer Angst, es noch einmal zu versuchen. Also wieder dieselbe Prozedur: rein in die Röhre und in die Enge. Sie zwang sich, die Augen diesmal fest geschlossen zu halten, und hielt sich krampfhaft am Notrufknopf fest. Sie wollte die Untersuchung und sie wollte ihre Ängste überwinden. Sie wollte es schaffen.

Die Untersuchung sollte zwanzig Minuten dauern. Nach fünf Minuten – es war nichts Außergewöhnliches passiert – versuchte meine Tante, sich zu entspannen. Sie lauschte dem Dröhnen der Röhre, das durch Kopfhörer gedämpft war, und sah durch die geschlossenen Augen den Lichtschimmer der Neonröhren. Sie ließ ihre Gedanken treiben und überlegte, wie es sich wohl in einem Sarg anfühlt. Dabei dachte sie: Wie schön, ich habe noch meinen Körper, ich habe meinen freien Willen, ich habe die Kraft und den Mut zu freien Entscheidungen. So verlief ihr Gedankenfluss. Auf einmal verstummte das laute Geräusch, meine Tante bemerkte, wie sie aus der Röhre gefahren wurde, und es war vorbei. Sie fühlte sich gestärkt, weil sie ihre Ängste überwunden hatte. Sie hatte sie nicht endgültig besiegt, aber sie hatte doch gezeigt, dass sie sie in den Griff bekommen konnte. Sie war dankbar und glücklich. Dankbar der lieben Assistentin für ihre Geduld und glücklich, dass sie den Mut aufgebracht hatte, sich auf etwas Neues einzulassen. Durch das Dämpfen des Lärms mittels Kopfhörern und das Schließen der Augen waren die anderen Sinne vermehrt auf Empfang geschaltet, und meine Tante konnte die Vorzüge dieser Untersuchung sehen.

Sie sind ein Hellseher!

Ich möchte Ihnen meine Fähigkeiten zur Verfügung stellen, damit Sie Ihre eigenen entwickeln und in positiver Weise nutzen können. Vieles von dem, was ich heute kann, habe ich meinen Lehrern zu verdanken. Genauso will ich Sie an meinem Wissen teilhaben lassen, damit Sie die Dinge positiv sehen und gezielt den für Sie richtigen Weg einschlagen können.

So werde ich Ihnen im Verlauf des Buches immer wieder etwas aus meinem Leben erzählen und Sie an Erfahrungen von Familienmitgliedern, Freundinnen und Freunden teilhaben lassen. In meiner Familie gab und gibt es viele Hellseher, die aber offiziell ganz andere Berufe ausüben oder ausgeübt haben. Darunter sind: Arzt, Krankenschwester, Tierärztin, Sachverständiger, Verkäufer, Gastwirt, Fotograf, Kräutersammler, Sekretärin, Friseurin, Polizist, Rechtsanwalt, Richter, Arbeiter.

Warum sind sie alle nicht von Berufs wegen Hellseher? Nun ja, Hellsehen hat bedauerlicherweise einen negativen Touch. Wir denken an die »Zigeunerin« mit der Kristallkugel oder an die Handleserin im Planwagen auf dem Jahrmarkt. Das können übrigens durchaus Menschen mit hoher Konzentrationsgabe und großem Einfühlungsvermögen sein. Die sehr viel wahrnehmen und eine Antenne für das haben, was um sie herum geschieht. Manche wiederum, die über ebensolche Antennen verfügen, verleugnen ihre Wahrnehmungen – aus welchem Grund auch immer. Vielleicht haben sie Angst vor der Häme und dem Spott anderer.

Ungeachtet dessen, was Kritiker sagen mögen – es gibt so viele Hinweise darauf, dass solche Wahrnehmungen stimmen. Wenn Sie etwas fühlen, dann fühlen Sie es und Sie sind ein sensitiver Mensch oder Seher oder Hellseher.

Lassen Sie die Zweifler zweifeln und hören Sie lieber auf sich. Ihre innere Stimme wird Ihnen den richtigen Weg zeigen. Manchmal müssen wir auch erst auf Irrwegen gehen und Widerstände erfahren, um zu wachsen, Neues zu lernen, über uns selbst lachen zu können und um anderen zu helfen, vor allem aber um uns selbst helfen zu können. Häufig verstehen wir Situationen nicht, in die wir geraten. Es sind die Steine auf unserem Weg zum Ziel. Wir müssen nicht darüber stolpern – stattdessen können wir uns damit auseinandersetzen und sie so wegräumen. Wir können sie umwandern oder überschreiten oder sie aufheben und als Erinnerung in unsere Sammlung einfügen.

Am Rande eine wichtige Bemerkung: Kollegen und Kolleginnen, die sich selbst auf Kosten anderer ihres Fachs erhöhen, sind in der Regel unseriös. Ich gehe mit allen Menschen respektvoll um. Schließlich ist nicht jeder Hellseher für jedes Anliegen der Richtige. Das gilt bekanntlich genauso in anderen Berufsgruppen: Nicht jeder Zahnarzt ist der Richtige für Ihr Problem und nicht jeder Friseur schneidet Ihnen die Haare entsprechend Ihren Wünschen.

Machen Sie die Übungen in diesem Buch, so weit sie Ihnen zusagen, und arbeiten Sie an sich selbst, um Ihre Kräfte noch besser spüren und nutzen zu können. Sie werden merken, was Ihnen guttut.

Glauben Sie immer an Ihre Gefühle und Empfindungen, denn von allen Menschen können Sie immer am besten auf sich selbst vertrauen. Vielleicht wollen Sie die Übungen erst einmal ausprobieren, um herauszufinden, warum ich sie empfehle, aber letztendlich entscheiden Sie selbst, ob Sie sie machen oder nicht.

Das Vorstellungsvermögen schulen

Stellen Sie sich immer wieder aktiv die Zukunft vor. Mit der Zeit werden Sie immer treffsicherer werden. Wenn ich beispielsweise jemanden wiedersehen will, brauche ich nur an ihn oder sie zu denken, und ich treffe diese Person beim Einkaufen, auf der Straße, im Kino oder sie läutet bei mir zu Hause an. Am Anfang führte ich darüber sogar Tagebuch, um die Ergebnisse überprüfen zu können und nicht zuletzt meine Fähigkeiten weiter zu optimieren.

Wenn ich etwas Zukünftiges wissen will, verfahre ich zum Beispiel so: Ich schreibe mir auf ein Blatt Papier, wann das, was ich mir vorstelle, eintreffen wird. Wenn ich einen Vortrag halte oder ein Seminar leite, stelle ich mir immer die Frage: Wie viele Teilnehmer werden kommen? Entsprechend meiner Vorausahnung bereite ich Zertifikate vor – die Anzahl der Zertifikate stimmt immer mit der Zahl der Anwesenden überein.

Hier noch ein kleiner Tipp: Schenken Sie Menschen, die Ihnen gegenüber bösartig sind, einen virtuellen Blumenstrauß, im Geist sozusagen. Es kann auch eine schön verzierte Sahnetorte oder ein Spaziergang am Sandstrand im Sonnenuntergang sein. Sie werden merken, wie gut Ihnen das tut. Aber auch der oder die Betreffende wird die positiven Schwingungen spüren.

Hellsichtige Erlebnisse

Meine Mutter, eine sehr angesehene Tierärztin, hat mir oft erzählt, dass sie, wenn kranke Tiere in ihre Praxis gebracht wurden, gleich beim ersten Augenschein wusste, was ihnen fehlte. Da sie eine Perfektionistin ist, hat sie, um die verängstigten, hilfesuchenden Tierbesitzer nicht zu verunsichern, trotzdem immer alle Untersuchungen gewissenhaft durchgeführt. Jahrzehntelang wurde ihr Erstgefühl dann durch die Untersuchung – Ultraschall, Röntgen, Labor – bestätigt.

Ein anderer Verwandter ist ein erfolgreicher Arzt, der zahlreichen Menschen das Leben gerettet hat. Oft besuchte er noch spontan einen seiner Patienten im Krankenhaus oder, wenn der Betreffende bereits entlassen war, in dessen vertrautem Heim und erkannte sofort, wenn nachträgliche Komplikationen aufgetreten waren. Da er genau zum richtigen Zeitpunkt eintraf, konnte er sofort die notwendigen Maßnahmen ergreifen und somit vielen Menschen helfen.

Mein Vater hat bei unseren zahlreichen Reisen mit dem Auto immer wieder durch sein Gespür Unfälle verhindert. Einmal kam ihm ein Geisterfahrer auf der Autobahn entgegen. Er handelte rechtzeitig, weil er die sich nähernde Gefahr im Voraus ahnte, ohne die Warnung im Radio gehört zu haben. Ein anderes Mal schoss ein Fahrer aus einer nicht vorfahrtberechtigten Seitenstraße auf die Hauptstraße hinaus, als mein Vater sich der vorher schwer einsehbaren Ausfahrt näherte. Scheinbar ohne Grund – für die Mitinsassen im Auto – trat mein Vater plötzlich hart auf die Bremse. Direkt vor uns bog das andere Auto in die Hauptstraße. Hätte mein Vater nicht gebremst, wäre ein Zusammenstoß mit dem anderen Auto unvermeidbar gewesen. »Ich habe gewusst, dass da ein Auto ohne anzuhalten herauskommt«, sagte mein Vater ruhig. Er war durch seinen sechsten Sinn vorgewarnt gewesen.

Einmal kam mein Onkel, ein Sachverständiger, zu spät zu einer Schätzung, weil er einer alten Dame noch über die Straße geholfen hatte. Das hat ihn zweifellos vor einem schweren Unfall bewahrt, ihm vielleicht sogar das Leben gerettet, denn der Kristalllüster, den er schätzen sollte, stürzte, kurz bevor er das Haus verspätet betrat, von der Decke. Auch hier war, wie er berichtete, der sechste Sinn im Spiel ...

Ein Verwandter erzählte mir kürzlich, dass seine Familie sich nach harter Arbeit einen kleinen Wochenendurlaub gönnen wollte. Man buchte hierfür ein gemütliches Hotel in wunderschöner Seelage. Fröhlich gelaunt fuhren sie los. Nachdem sie den Großteil der Wegstrecke bereits hinter sich gebracht hatten, wurde die Ehegattin von einer Sekunde auf die andere sehr unruhig und bat ihren Mann zurückzufahren, mit der Begründung, sie müsse unbedingt ihrer Mutter sagen, dass sie übers Wochenende unterwegs seien. Sie wollte ihr das auf jeden Fall mündlich mitteilen. Da sie eine merkwürdige Vorahnung verspürte und sich sehr ängstigte, zögerte ihr Mann nicht lange und kehrte um. Als sie endlich vor der Wohnungstür der Mutter standen, mussten sie feststellen, dass sie deren Wohnungsschlüssel vergessen hatten. Vergeblich klingelten sie. Doch es war nur das Bellen ihres kleinen Schoßhundes zu hören. Nie würde sie die Wohnung ohne ihren Hund verlassen. Der Ehemann fuhr zur nahegelegenen Polizei und bat, die Wohnungstür zu öffnen. Dies geschah, und die Polizisten und der Ehemann traten ein. Die Mutter lag im Koma. Ein Krankenwagen fuhr sie sofort ins nächstgelegene Krankenhaus. Die Ärzte diagnostizierten bei der zuckerkranken Frau einen schweren Insulinschock. Sie war in letzter Minute gefunden worden, bestätigten sie, und knapp dem Tode entronnen. Nach mehreren Tagen im Koma wachte die Mutter endlich wieder auf. Überglücklich konnte die Ehefrau ihre liebe Mutter in den Arm nehmen.

Über diese Geschichten aus meiner Familie hinaus gibt es unzählige Beispiele für Intuition, Bauchgefühl, Gespür oder Hellsehen. Ist es wichtig, wie wir diese Dinge bezeichnen? Nein, es ist nicht von Bedeutung. Das Wichtigste ist, dass diese Fähigkeiten in uns allen schlummern – und natürlich: Was wir mit unseren Kräften machen.

Denken Sie einmal darüber nach, wie oft auch Sie in Ihrem Leben solche Situationen erlebt haben und rechtzeitig gehandelt haben – bzw. wie oft Sie Entsprechendes von Freunden und Bekannten gehört haben.

Grundlagen schaffen

Ich bin wie gesagt davon überzeugt, dass jeder von uns über hellseherische Kräfte verfügt. Manchmal schlummern sie nur in uns, ohne dass wir es wissen, und müssen erst erweckt werden. Wir können sie wie Sport oder Fitness trainieren. Das Üben eröffnet uns neue Chancen für unser Leben. Wir können uns damit viele Wünsche und Bedürfnisse erfüllen. Sehen Sie die Entwicklung Ihrer Kräfte als Herausforderung an. Diese Kräfte sind individuell und nicht standardisierbar, also nicht messbar. Sie sind so einzigartig wie ihre Träger, wir Menschen. Es gibt weder junge noch alte Kräfte. Es gibt nur Ihre Kräfte, die es zu entdecken, zu erweitern und zu erhalten gilt.

Doch ehe wir uns den Hellsinnen zuwenden, müssen wir erst einmal die alltäglichen Sinne näher betrachten. Die meisten Menschen werden mit fünf funktionsfähigen Grundsinnen geboren: Sehen, Hören, Riechen, Schmecken und Tasten. Wir können diese Sinne pflegen und schärfen oder wir können sie verkümmern lassen. Wie ein Blümchen, dem wir kein Wasser geben. Ist es eine starke Kaktee, wird sie das wenige Wasser speichern und trotzdem überleben, ist es eine schwache Margerite, wird sie ohne Wasser verdorren.

Die Entwicklung der Sinne funktioniert wie das Erlernen von Lesen, Stricken, Tanzen, Skifahren oder Radfahren. Man lernt es und kann es für immer. Auch wenn wir nicht mehr üben, ist die Kenntnis da. Wir verlernen es nie mehr im Leben. Es mag vielleicht dahinwelken, aber es ist da.

Wirklich wichtig ist für Ihr Leben nicht, dass alle Sinne zu hundert Prozent funktionieren, sondern nur, was Sie mit den Gaben vollbringen, die Sie haben. Es liegt an Ihnen, die verschiedenen Sinne zu verfeinern und zu trainieren. Bleiben Sie offen für neue Erfahrungen und Eindrücke. In jedem Menschen schlummern große Fähigkeiten. Mich erinnert das immer an Erdschätze. Es gibt Gold, Silber und Diamanten in Hülle und Fülle. Doch nur weil wir die Schätze noch nicht geborgen haben, sind sie trotzdem da.

Bei mir sind die fünf Sinne allesamt ausgeprägt. Doch bei vielen Menschen überwiegt der eine oder andere Sinn, sodass andere daneben gar nicht mehr wahrgenommen werden. Manchmal erfordern es auch die Umstände, dass bestimmte Sinne mehr in Anspruch genommen werden. Beispielsweise haben Blinde oft einen äußerst differenzierten Tastsinn, der es ihnen ermöglicht, die Blindenschrift zu lesen und sich überhaupt im Leben zurechtzufinden.

Einige Menschen nehmen mehr mit den Augen wahr, andere mit den Ohren oder mit der Nase. Stehe ich am Meer und schaue hinaus in die Brandung, werden immer verschiedene Sinne in mir angeregt. Ich genieße es zum Beispiel, zuerst die Wellen zu beobachten, dann die Augen zu schließen, die Brandung zu hören, die vom salzigen Meerwasser durchtränkte Luft zu riechen und die Sonnenstrahlen auf meinem Körper zu spüren. Dann gehe ich ins Meer hinein, lasse mich vom Wasser treiben und koste das Salz. Mein Körper entspannt sich, und ich fühle mich mit dem Meer vereint. Mit den Zehen wühle ich im Sand. Nach dem Schwimmen gehe ich gern am Strand entlang, lausche den Möwen und beobachte die Surfer und die Schiffe, die am Horizont vorbeiziehen. Das Meer macht mich glücklich. Ich hole mir dort Kraft und lade meine Energien immer wieder auf.

Das Wunder Leben

Für mich ist der Mensch ein Wunder, weil uns die Schöpfung so großartig ausgestattet hat. Wann immer in meiner Familie ein Menschen- oder Tierbaby auf die Welt kommt, bin ich fasziniert. Mit großem Interesse beobachte ich dann, wie sich das Leben entwickelt. Es ist für mich ein so wundervolles Phänomen, wie aus einem Samen und einer Eizelle ein neues Lebewesen entsteht und schließlich das Licht der Welt erblickt, oder wie aus einem Samenkorn ein kleines Orangenbäumchen heranwächst – obwohl oder weil ich ein sehr begabter Computer- und Technikfan bin. Computer, selbst die teuersten, sind immer wieder kaputt und haben oft nur eine kurze Lebensdauer.

Gerade deshalb begeistert mich die Schöpfung so sehr. Denn alles regeneriert sich stets selbst.

Wie ich jetzt so dasitze und vor mich hinträume, wird mir wieder bewusst, wie perfekt menschliche und tierische Sinne funktionieren. Geht es uns gut im Leben und alles funktioniert prima, regen wir uns oft über Kleinigkeiten auf. Werden wir krank und ist ein Sinn durch eine Krankheit, Entzündung oder Verletzung eingeschränkt, wird auf einmal nur das Wiedererlangen der normalen Funktion für uns wichtig.

Doch was hat das alles mit Hellsehen zu tun? Wenn wir wissen, wie unser Körper funktioniert und was er dazu braucht, werden wir besser auf ihn aufpassen. Je mehr wir uns der Wunder des Lebens bewusst werden, desto mehr wird sich unser hellsichtiges Potenzial entwickeln können. Irgendwann gelangen wir dann zu einem Punkt, wo wir spielerisch mit unseren übersinnlichen Fähigkeiten umgehen können, wo wir unser Leben so gestalten, wie es uns Freude macht, und wo für Skeptik kein Platz mehr ist.

Schärfen Sie Ihre Sinne!

Je mehr Sie Ihre fünf Sinne schärfen, desto leichter wird es Ihnen fallen, auch Ihre Hellsinne zu entdecken. Beispielsweise kann die innere Stimme sehr laut rufen, aber wir nehmen sie gar nicht als solche wahr, weil wir nie gelernt haben, die Signale unseres Körpers zu hören, geschweige denn nach innen zu lauschen.

Nun geht es endlich los! Wir beginnen mit der Vorbereitung. Diese können Sie künftig regelmäßig in Ihren Tagesablauf einbauen. Es wäre wünschenswert, vor den Übungen immer mit der Vorbereitung zu beginnen, die im Folgenden beschrieben ist. Wenn Sie sie regelmäßig durchführen – selbstverständlich auch, bevor Sie das Haus verlassen –, wird sie zu einem richtigen Ritual werden. Vielleicht denken Sie jetzt, dazu hätten Sie keine Zeit. Dann halten Sie bitte noch einmal kurz inne und überlegen Sie, wie viel Zeit am Tag Sie anderen Menschen schenken und wie viel Zeit Sie sich selbst zugestehen? Von mehr oder weniger sinnlosen Aktivitäten einmal ganz abgesehen. Sie werden merken: Je mehr Sie sich verwöhnen, desto glücklicher werden Sie.

Vorbereitung

Legen Sie sich Ihre Wohlfühlkleidung zurecht. Anrufbeantworter, Telefon, Handy ausschalten und Mitbewohner – ob Mensch oder Tier – versorgen, denn die nächsten Minuten gehören Ihnen. Diese Zeit ist ein Geschenk an Sie.

- ❀ Gehen Sie unter die Dusche oder nehmen Sie ein Bad, sodass Sie sich sauber und erfrischt fühlen. Cremen Sie sich anschließend nach Bedarf ein.
- ❀ Ziehen Sie sich dann an, dimmen Sie das Licht, wie es Ihnen angenehm ist, öffnen oder schließen Sie die Fenster – je nach Jahreszeit.

Ziehen Sie sich an einen ruhigen Ort zurück und machen Sie es sich gemütlich. Wie geht es Ihnen jetzt? Fühlen Sie sich wohl? Sind Sie entspannt? Nehmen Sie sich Zeit für sich.

Die Entspannung, die Sie auf diese Weise bewirken, ermöglicht Ihnen die vertiefte Arbeit mit den Sinnen, wie sie mit den folgenden Übungen gefördert werden soll. Diese Übungen dienen dazu, Sie gewissermaßen näher mit sich selbst in Kontakt zu bringen. Nehmen Sie sich die Zeit dafür, die Dinge intensiver und bewusster zu erleben. Sie werden staunen, was Ihnen Ihre Sinne für wunderbare Momente verschaffen.

∞

Frageübung

Dann kann die erste Übung beginnen. Eine scheinbar einfache, jedoch wesentliche Übung. Es geht darum, sich über einige grundlegende Dinge Klarheit zu verschaffen. Es handelt sich bei dieser Übung um eine Frageübung, und es ist wichtig, dass Sie dabei entspannt sind, sich also ausgiebig Zeit für die Vorbereitung genommen haben. Legen Sie Schreibzeug bereit.

Sie können die Übung im Sitzen oder Liegen durchführen, in der Wohnung oder im Freien. Es gibt kein Richtig oder Falsch. Es ist nur wichtig, ruhig zu sein. Natürlich können Sie

auch beim Spazierengehen darüber nachdenken, aber vergessen Sie dann bitte nicht, Ihre Überlegungen später schriftlich
festzuhalten.

Stellen Sie sich bitte folgende Fragen:

- ❀ Welche Sinne funktionieren bei mir wirklich gut?
- ❀ Warum will ich meine Hellsinne weiterentwickeln?
- ❀ Kann ich dann damit leben?

Welche Gedanken gehen Ihnen durch den Kopf? Schreiben
Sie auf, was Ihnen zu den Fragen einfällt.

Atemübung

Jetzt versuchen Sie einmal die Atemübung. Dazu ein paar Worte vorab: Oft haben mir meine Klienten berichtet, dass es sie
sehr unter Stress setzt, wenn ein Vortragender von ihnen lang-
sames Aus- und Einatmen verlangt. Ich verstehe das und
möchte Ihnen Folgendes erklären: Ja, es ist sicher gut, wenn
Sie ruhig atmen, denn dann haben Sie mehr Sauerstoff im
Blut. Aber es gibt eine individuell angenehme Atmung, genauso wie es eine individuell angenehme Schrittgeschwindigkeit
gibt. Um die für Sie ganz persönlich stimmige Geschwindig-
keit herauszufinden, können Sie diese Übung machen. Aber
bleiben Sie spielerisch dabei, lassen Sie sich nicht unter Stress
setzen. Es soll sich auf jeden Fall angenehm für Sie anfühlen.
Wenn Sie sich regelmäßig Zeit nehmen, nach innen zu hor-

chen, werden Sie automatisch zu einer ruhigeren Atmung kommen.

- Stellen Sie sich vor, Sie stehen auf einem Berg und schauen in die Ferne. Jetzt atmen Sie langsam ein und dann atmen Sie langsam wieder aus. Probieren Sie sehr behutsam aus, wie es sich anfühlt, ein wenig schneller oder ein wenig langsamer zu atmen.
- Beobachten Sie einfach, ob Sie etwas fühlen. Was ist angenehm für Sie, was weniger?

Übung Echo

- Rufen Sie laut Ihren Namen.
- Wie fühlt sich das an? Gibt es ein inneres Echo?

Übung Wolkenrucksack

- Betrachten Sie den Himmel. Sehen Sie sich die Wolken an. Stellen Sie sich vor, die Wolken sind riesige Rucksäcke. Sie können die Rucksäcke mit Ihren Sorgen und Ängsten befüllen. Ist Ihnen jetzt wohler? Ist eine Last von Ihren Schultern abgefallen?
- Wenn kein schönes Wetter ist oder wenn Sie nicht die Möglichkeit haben, ins Freie zu gehen, können Sie diese

Übung auch nur in Gedanken machen. Sie ist dann nicht minder wirkungsvoll.

Übung: Den Genuss ausdehnen

Eine meiner Lieblingsübungen, die ich schon seit über einem Jahrzehnt immer wieder mache, möchte ich Ihnen hiermit anvertrauen: Ich gehe in mein Lieblingscafé und bestelle mir eine heiße Schokolade. Ich nehme das schöne Braun der Schokolade wahr, dann die cremige Schlagsahne und schließlich den Duft. Ich sehe das Glas, in dem die Schokolade serviert wird, und den glänzenden Löffel. Ich nehme Kristallzucker und streue ihn auf die Sahne. Wie kleine Diamantkristalle bleibt der Zucker kurz auf der Sahne haften, bis er versinkt. Ich schließe die Augen und wiederhole den Vorgang in Gedanken. Jetzt öffne ich die Augen wieder und nehme einen Schluck zu mir.

Dadurch, dass ich immer wieder innehalte zwischen Bestellung, das heißt freudiger Erwartung, dankbarer Betrachtung der Leckerei und letztendlich dem Genuss, ist es mir möglich, die sinnliche Freude zu vervielfachen. Und natürlich werden dadurch meine Sinne geschärft.

Übung Lieblingsort

Bestimmte Orte sprechen uns besonders an. Jeder hat einen oder mehrere Lieblingsorte.

 Versuchen Sie zuerst einem Freund und dann jemandem, der Sie nicht so gut kennt, zu erklären, warum Sie dieser Ort so anspricht. Sie werden sehr viel über Ihre Sinneswahrnehmungen erfahren.

Übung Wunderkerze

Kaufen Sie sich Wunderkerzen und zünden Sie sich immer eine an, wenn Sie denken, Sie brauchen Kraft, Halt, Optimismus oder Zuversicht.

 Lassen Sie sich bezaubern, während sie brennt.

 Wenn sie verloschen ist, verharren Sie in dem zuversichtlichen Gedanken: Ich kann immer wieder neues Licht in mein Leben bringen.

Bankübung

Diese Übung sollten Sie ab und an wiederholen. Gehen Sie spazieren und setzen Sie sich auf die erste Bank, die Sie anzieht.

- Aus welchem Material ist die Bank? Was hat die Bank für eine Farbe und Beschaffenheit?
- Gab es in Ihrer Kindheit eine besondere Bank? Oder einen Ihnen vertrauten bestimmten Sessel, einen Schaukelstuhl, eine Schaukel?
- Wie fühlen Sie sich auf der Bank? Wo steht sie? Vor einer Bushaltestelle? In einem Park? Am Wasser?
- Stellen Sie sich vor, Sie verbinden sich mit der Bank und werden eins mit ihr? Was ist das für ein Gefühl, eine Bank zu sein? Fest zu stehen, dort, wo andere sie hingestellt haben? Schwere Lasten zu tragen? Gereinigt zu werden? Verschmutzt zu werden? Angemalt zu werden?
- Was sehen Sie von der Bank aus? Was würde passieren, wenn der Standort mit Ihnen verändert würde? Wenn ein Herz hineingeritzt würde? Welche Buchstaben wären da in dem Herz?

Hängemattenübung

Eine andere wunderbare Übung, die ich von meiner Tante Ella, meiner Lieblingsfreundin, habe, ist die Hängemattenübung. Sie machte am liebsten Urlaub in Italien. In Alassio. Eine wunderbare Palmen-Promenade, das blaue Meer, Sandstrand und Möwen, die sich vom Wind tragen lassen. Tante Ella wohnte immer in einem alten Hotel mit einem großen alten Park. Zwischen den Palmen waren Hängematten aufgehängt. Tante Ella wartete immer geduldig, bis eine Hängematte frei wurde, dann legte sie sich hinein. Sie schaute in die Palmenkrone und fing an, leise mit der Palme zu sprechen: »Palme, wie geht es dir? Bin ich dir nicht zu schwer?« Die Palme schien manchmal mit einem leisen Rauschen ihrer Blätter zu antworten. Tante Ella liebte es, in der Hängematte vor sich hinzuträumen und die Welt aus einer anderen Perspektive zu erleben. Manchmal, so erzählte sie mir, fühlte sie sich in die Palme hinein und wuchs und wuchs. Sie sah dann vor ihrem geistigen Auge die kleine Hängematte, in der sie lag, und gleichzeitig die große Ella.

Lassen Sie sich von dieser Übung zu ähnlichen Dingen anregen. Genießen Sie das, was Sie dadurch erfahren können, kosten Sie es ganz aus. Und stellen Sie sich, wenn Sie das erlebt haben, einmal folgende Fragen:

- Wer ist der Herr über meine Zeit?
- Wer entscheidet über meine Gefühle?

- ❀ Wer entscheidet, wie groß ich mich fühle?
- ❀ Kann mir irgendjemand verbieten, meine Perspektive zu verändern?
- ❀ Schade ich anderen Menschen, wenn ich mich um mich selbst kümmere?

Bewusst leben und von Zeit zu Zeit Neuanfänge wagen

Es ist von großer Bedeutung, dass Sie immer wieder Ihren Alltag neu entdecken. Viele Menschen stecken im Alltag fest, sie können sich nicht mehr verändern. Sie klagen: »Ich kann mein Leben nicht verändern, ich arbeite sieben Tage die Woche, ich bin zu müde, um etwas zu verändern!« Aber das stimmt nur zum Teil. Sicher, diese Menschen gehen am Limit, doch trotzdem sind Veränderungen möglich.

Sie können in Ihren Alltag kostenlose Veränderungen und Wahrnehmungen einbeziehen, und alles wird sich ändern. Denn Ihr Bewusstsein wird dadurch erweitert und erfrischt. Dies bringt neue Energie, und wo Energie fließt, gibt es Veränderungen.

Das Loslassen ist hierbei sehr wichtig. Zählen Sie beispielsweise einmal alle Gegenstände, die Sie in Ihrem Badezimmer haben. Wie viele sind es? Dann nehmen Sie jeden Gegenstand in die Hand und überlegen, ob Sie ihn brauchen?

Holen Sie sich dann eine große Schachtel und legen alles, was Sie nicht brauchen, in die Schachtel. Stellen Sie sie in einen anderen Raum und öffnen Sie sie erst wieder in einer Woche. Haben Sie irgendetwas vermisst? Ist in dieser Woche irgendeiner der Gegenstände besonders in Ihr Bewusstsein gelangt? Hätten Sie ihn wirklich gebraucht?

Sie werden merken: Alles, was Sie wirklich brauchen, kommt wie durch Zauberhand immer wieder in Ihr Leben. Es findet den Weg zu Ihnen. Das andere können Sie aus Ihrem Leben entlassen und auf diese Weise Platz für Neues schaffen.

Gönnen Sie sich von Zeit zu Zeit einen Neuanfang. Doch was ist das genau? Ich mache von Zeit zu Zeit Inventur in meinem Leben. Dabei befasse ich mich mit dem Guten und dem Schlechten. Ich überlege, warum manches in mein Leben gekommen ist, ob ich es angezogen habe. Dann packe ich das Schlechte in einen geistigen Rucksack, stülpe ihn über einem Fluss aus, und er ist wieder leer. Nun bin ich quasi ohne Altlast.

Dann mache ich mich real auf zu Neuem. Am Morgen schalte ich einen neuen Radiosender ein, manchmal auch in einer Fremdsprache, die ich beherrsche oder in einer anderen Fremdsprache. Ich höre einfach hinein.

Am Abend besuche ich eine neue Kneipe, in der ein DJ spielt. Ich höre dem, was er auflegt, erst eine Weile zu, dann bitte ich ihn um ein Wunschlied. Dabei beobachte ich ihn und natürlich auch mich.

Durch die vielen neuen Eindrücke wird Altes gelöscht und überlagert und Neues kommt ins Leben. So entwickle ich den Mut, mich auf Neues und Ungewohntes einzulassen. Diese Veränderung weckt in mir ungeahnte Kräfte. Hier noch eine ganz konkrete Übung dazu:

Neugeburtsübung

Erinnern Sie sich noch, wie Sie auf die Welt gekommen sind? Sie lächeln jetzt vielleicht und denken: »Na, der ist gut, wie soll ich mich an meine Geburt erinnern?« Vielleicht war der erste Eindruck die Enge des Geburtskanals, die Geburtszange, mit der Ihr Kopf herausgeholt wurde, oder die Hand des Frauenarztes oder die der Hebamme. Vielleicht haben Sie als Erstes ein Gefühl der Kälte oder einen kalten Lufthauch wahrgenommen, oder Sie haben ein Gefühl der Geborgenheit empfunden. Wurden sanft abgetupft und dann Ihrer Mutter an die Brust gelegt.

Manche Leute finden unter Hypnose heraus, was sie bei der Geburt erlebt haben. Aber das brauchen Sie gar nicht.

❀ Sie können jetzt vor Ihrem geistigen Auge ein Bild entwerfen, wie Sie Ihre Geburt gern gehabt hätten. Das ist Ihre Neugeburt, und die gestalten Sie sich in der Vorstellung so schön, wie Sie es wollen.

Übungen wie diese sollen Ihre Sinne schärfen und Ihnen Ihre Einzigartigkeit vor Augen führen. Sie können sich die Welt immer neu schaffen.

2
DIE FÜNF SINNE UND
DARÜBER HINAUS

Wozu brauchen wir eigentlich unsere fünf Sinne? Zum Wahrnehmen mit den verschiedenen Organen und zur Information. Unser Kontakt mit der Umwelt kommt durch unsere Sinne zustande. Im Gehirn werden alle Reize, die von unserem Körper aufgenommen werden, in subjektive Wahrnehmungen umgewandelt.

Bevor Sie weiterlesen, machen Sie ein kleines Experiment: Halten Sie sich bitte kurz die Ohren zu und versuchen Sie, wirklich nur für einen Moment nicht zu atmen, während Sie weiterhin sehen. Was sehen Sie? Können Sie sich auf das Sehen überhaupt konzentrieren? Stehen Sie unter Stress? Wie fühlt sich das an? Vielleicht wird Ihnen erst jetzt bewusst, wie herrlich es ist, viele Sinne zu haben, die normalerweise einfach funktionieren, ohne dass Sie sich sehr anstrengen müssen?!

In diesem Kapitel gibt es viele Übungen, um die Alltagssinne zu verfeinern. Wenn es ums Riechen, Schmecken und Tasten geht, können Sie gerade in der Übungsphase, um sich vor optischen und akustischen Eindrücken abzuschirmen, eine Schlafbrille sowie einen Kopfhörer aufsetzen.

Vom Sehen zum Hellsehen

Unsere Augen sind ein Sinnesorgan. Mit ihnen können wir etwas wahrnehmen. Lichtreize werden aufgenommen und an das Gehirn weitergeleitet. Wenn wir am Morgen unsere Augen öffnen, erstrahlt die Welt in Farben.

Das Auge und der Prozess des Sehens

In der knöchernen Augenhöhle liegt ein Fettkörper, in welchem der Augapfel eingebettet ist. Vom Augapfel führt der Sehnerv zum Gehirn. Um das Auge zu bewegen, haben wir verschiedene Muskeln. Wir können es hin und her bewegen oder rollen. Des Weiteren haben wir die Augenlider mit Drüsen und Wimpern zum Schutz vor Fremdkörpern sowie die Tränendrüsen mit ihren Kanälen.

Der Augapfel hat einen Durchmesser von ungefähr 25 mm. An der Vorderfläche finden wir die Pupille, die Öffnung der Iris. Wenn durch die Pupille Lichtstrahlen fallen, treffen sie auf die Netzhaut. Dort befinden sich die Sehzellen. Diese wandeln Licht und Seheindrücke in Nervenimpulse um, die wiederum vom Sehnerv zum Gehirn geleitet werden. Die Regenbogenhaut, Iris, kann sich durch Vergrößerung – dabei wird die Pupille kleiner – vor zu grellem Licht schützen und andererseits bei wenig Licht verkleinern. Dann vergrößert sich die Pupille.

Der komplizierte Vorgang des Sehens läuft, vereinfacht betrachtet, so ab: Lichtstrahlen treten durch die Hornhaut des Auges ein, treffen auf die Linse, werden dort gesammelt und durchwandern den Glaskörper bis zur Netzhaut. Wir unterscheiden einen lichtbrechenden Apparat (Hornhaut, Linse, Glaskörper), der die Lichtstrahlen bricht, sowie den lichtempfindlichen Apparat, die Netzhaut, die Abzweigung der Sehnerven und die Sinneszellen. Ein Wunder der Schöpfung!

Warum sagen wir, die Augen seien ein Spiegel der Seele? Wieso beobachten wir seit Jahrhunderten, dass hellsichtige Menschen besondere Augen haben? Ich weiß es aus meiner Lebenserfahrung und der meiner Lehrerinnen und Lehrer. Auch Sie haben diese Augen, Sie müssen sie nur zum Leuchten bringen.

Woran erkennt man Verliebte? Die Augen leuchten. Können Sie sich vorstellen, immer verliebt zu sein? Alles wird leicht, kein Problem zu groß? Warum ist das bei Verliebten so? Wenn man verliebt ist, werden Glückshormone produziert. Alles, was von Herzen kommt, lässt uns leuchten. Das heißt, die Erfahrung, wirklich im Hier und Jetzt zu sein – und diese Erfahrung ist nicht nur möglich, wenn wir verliebt sind –, stärkt unsere Zuversicht, sie ermöglicht die Entfaltung der eigenen Talente, Fähigkeiten und Begabungen.

Das Sehen verfeinern und trainieren
als Vorbereitung für das Hellsehen

Sehen wir nur das, was sich vor unseren Augen tatsächlich abspielt? Oder nehmen wir mit den Augen vielleicht auch Dinge wahr, die in der Realität gar nicht da sind? Wie ein Gespenst, das plötzlich vor einem erscheint, oder eine Fata Morgana ...

Sehen ist visuelles Wahrnehmen mit den Augen. Hellsehen ist das paranormale Sehen, von dem kein Dritter Kenntnis hat. Das Auge kann auf mannigfaltige Weise geschärft werden, um besser und heller zu sehen. Hier zwei von vielen möglichen Übungen:

Übung:
Wie wir die Welt visuell wahrnehmen

⚜ Wenn Sie einmal mit jemand anderem unterwegs sind, betrachten Sie die Landschaft. Schließen Sie dann jeder für sich die Augen und lassen Sie das Bild vor Ihrem geistigen Auge aufleben. Vergleichen Sie anschließend das, was Sie gesehen haben, miteinander.

Glauben Sie, dass Sie und Ihr Mitstreiter dasselbe sehen? Nein, jeder sieht etwas anderes. Wir alle nehmen die Welt um uns herum nie ungefiltert oder objektiv wahr. Wir bewerten und interpretieren rein subjektiv, was wir sehen, beispielsweise Größe, Form und Farbe.

Übung: Sehen und Empfinden

Eine weitere interessante Übung dazu ist das Arbeiten mit Fotos. Sie können verschiedene Fotos dazu verwenden. Entweder aus dem Familienalbum oder aus einer Illustrierten. Es kommt nicht darauf an, was darauf abgebildet ist, Sie sollten sich dadurch nur angesprochen fühlen. Ihre Fantasie soll beim Anblick der Fotos inspiriert werden.

- Achten Sie dabei auf Ihre Gefühle. Was kommt in Ihnen hoch?
- Bemerken Sie, wie sich das, was Sie sehen, mit bestimmten Empfindungen verbindet? Es können zuerst wahre Erlebnisse und Erinnerungen von früher wieder hochkommen. Und auf einmal können sich ganz neue Gefühle entwickeln.

Vom Hören zum Hellhören

Viele Menschen schätzen das Gehör im Vergleich mit dem Sehen weniger hoch ein. Gleichwohl ist der Gehörsinn ein weiteres wunderbares Instrument, mit dem wir die Welt um uns herum wahrnehmen können: Klänge, Geräusche, Laute, Sprache ... Schall vermittelt Emotion und Information.

Das Ohr und der Prozess des Hörens

Auch das Ohr ist ein Sinnesorgan. Mit unseren Ohren hören wir. Der Schall wird vom äußeren Ohr aufgenommen, über den Gehörgang an das Mittelohr weitergeleitet und vom inneren Ohr verarbeitet. Die Härchen im Ohrgang dienen der Abwehr von Fremdkörpern.

Das äußere Ohr besteht aus der Ohrmuschel, die den Schall fängt, und dem äußeren Gehörgang. Die Ohrmuschel hat einen knorpeligen Anteil sowie das knorpellose Ohrläppchen. Das Mittelohr liegt im Schläfenbein. Zum Mittelohr gehören das Trommelfell, die mit Luft gefüllte Paukenhöhle, die Gehörknöchelchen und die Ohrtrompete. Letztere ist ein Kanal, der die Paukenhöhle mit dem Nasen-Rachen-Raum verbindet. Die Gehörknöchelchen heißen Hammer, Amboss und Steigbügel. Auf sie überträgt das Trommelfell die Schwingungen, die es von den Schallwellen empfängt.

Im Schädelknochen befindet sich schließlich das innere Ohr mit den Bogengängen und der Schnecke. Die Bogengänge bilden den wichtigsten Teil des Gleichgewichtsorgans, das es uns ermöglicht, Lageveränderungen des Körpers auch ohne Hilfe der Augen zu erkennen. Die vom Trommelfell übertragenen Schwingungen setzen die Flüssigkeit des inneren Ohres in Bewegung, und diese reizt die Hörzellen, die Enden der Gehörnerven, wo die einfallenden Schallwellen in Nervenimpulse umgewandelt werden.

Die Schallempfindung des Ohres ist begrenzt: Es kann nur Töne von 20 bis maximal 20 000 Hertz (Schwingungen pro Sekunde) aufnehmen. Der Gehörnerv sendet an das Gehirn die von außen empfangenen Reize. Bewusstes Hören wird erst möglich, wenn das Gehirn die ankommenden Impulse aufgenommen hat.

Wie wertvoll auch der Gehörsinn ist, merken wir vielleicht erst, wenn wir einmal nichts mehr hören. Das kann zweierlei Ursachen haben: Es stecken organische Probleme dahinter, zum Beispiel eine Entzündung oder auch ein Fremdkörper. Es kann aber auch eine seelische Ursache haben: Man will nichts mehr oder nur bestimmte Dinge hören. Selbstverständlich sollte man in jedem Fall fachkundige Unterstützung suchen.

Eine besondere Gabe unter Menschen ist das absolute Gehör. Nur ein Mensch unter zehntausenden besitzt es. Absolutes Gehör bedeutet, dass ein Mensch den Ton benennen kann, den er hört (zum Beispiel ein »cis«). Mozart hatte ein solches Gehör, was sicher zu seinem musikalischen Genie beitrug.

Sorgen Sie immer wieder für stille Momente. Unsere Ohren sind dauernd auf Empfang, sie haben eigentlich nie eine Pause: 24 Stunden, rund um die Uhr, 365 Tage – das ganze Leben lang. Keine einzige Maschine würde so etwas aushalten.

Wir leben in einer hektischen und lauten Zeit, wo Ruhe eines der größten Geschenke ist. Wie können wir uns in eine Stimmung versetzen, in der Hellhören möglich ist, wo wir doch an so vielen Orten der Lärmbelästigung ausgesetzt sind?

Der ständige Autoverkehr beispielsweise, Musikberieselung allerorten, Lautsprecherdurchsagen in Kaufhäusern und und und ...

Musik kann uns beflügeln, glücklich machen und Energie spenden, aber sie kann uns auch krank machen und uns unter Stress setzen. Ist man gegen seinen Willen ständig einer lauten Geräuschkulisse ausgesetzt, wie zum Beispiel lauter Rockmusik, kann einen das auf Dauer sogar krank machen.

Auf eine subtilere Art können einen auch weniger dominante Geräusche stressen, beispielsweise unangenehme Stimmen. Achten Sie einmal darauf, wie es Ihnen mit den Stimmen einzelner Menschen geht. Es gibt die angenehmen, ruhigen und energiegeladenen Stimmen, aber auch die schrillen, quäkenden, gehetzten Stimmen, die uns einen Schauder über den Rücken jagen. Welche Stimmen erfreuen Sie, welche belasten Sie? Welche Töne sind wie Streicheln, welche Laute wie Schlagen?

Ich fahre öfter zur Hütte meines Onkels. Sie befindet sich auf einem Berg, rundherum nur Wald, weidende Rinder und Wildtiere. In der Nacht hört man das Rauschen der Baumwipfel, das Trappeln der Wildmäuse, das Reiben der Rinder an der Hütte. Am Morgen wecken einen die erwachenden Wildvögel. Die Sonnenstrahlen auf der Nase kitzeln einen wach. Wenn ich nach einer Weile wieder einmal dort bin, kann ich plötzlich meinen eigenen Atem vernehmen, auch die Geräusche von Magen und Darm. Ich merke immer, wie meine Ohren lauschen, als könnten sie gar nicht glauben, wie still es ist, und wie sie sich dann erholen von der Lärmverschmutzung, die uns im Alltag gar nicht mehr bewusst ist.

Das Hören verfeinern und trainieren
als Vorbereitung für das Hellhören

Beim Hellhören vernimmt man deutlich eine Botschaft – sei es von innen oder, obwohl sie akustisch nicht wahrnehmbar ist, von außen. Es können Wörter oder Wortfetzen sein, oft sind es nur knappe Warnungen wie »Stopp!« oder »Vorsicht!«, dann wieder sind es Aufforderungen bzw. Ermunterungen wie »Geh zurück!«, »Kehr um!«, oder es wird der eigene Name, ein Kosename oder der Name eines Menschen gerufen, der Hilfe braucht. Die Stimme kann sanft und freundlich sein, aber auch scharf und eindringlich.

Wenn wir mit Übungen unser Hören trainieren, haben wir auch die Chance, besser hellzuhören. Trainieren Sie Ihren Gehörsinn in verschiedenen Umgebungen: zum Beispiel am Wasser, auf der Straße, in einem Zimmer, in der Badewanne, im Aufzug, in einem Museum. Je kreativer Sie in der Auswahl Ihrer Hörorte sind, desto mehr können Sie erreichen. Probieren Sie auch aus, ein und dasselbe Geräusch zu verschiedenen Tages- oder Jahreszeiten durchzuführen. Stellen Sie auch fest, welchen Unterschied es macht, Geräusche mit offenen und mit geschlossenen Augen wahrzunehmen.

Eine liebe Freundin hat mir erzählt, sie habe wochen- und monatelang geübt und sie spürte, hörte und fühlte einfach nichts. Deswegen war sie richtig wütend, ja regelrecht verzweifelt. Eines Abends ging sie dann spazieren und landete zufällig in einem Stadtviertel, wo sie bisher noch nie war. Dort entdeckte sie eine Trauerweide und eine Bank. Ihre Kindheit lebte wieder auf. Immer wenn sie ihre Großmutter besucht hatte, saß sie am liebsten unter einer Trauerweide, während die Oma einen frischen Obstkuchen für sie backte. Jetzt setzte sie sich also unter den Baum, und plötzlich hörte sie nicht nur das Blätterrauschen, sondern auch die Stimme ihrer Oma: »Linde, auf einmal bist du da! Wie geht es dir? Ich habe so auf dich gewartet.« Linde blieb unter dem Baum sitzen, und ein helles Licht durchfuhr sie wie ein Blitz.

Immer wenn sie auf einer Einladung die Geschichte erzählt, beginnen ihre Augen zu leuchten. Sie ist für mich der lebende Beweis, dass Zeit keine Rolle spielt im Leben. Alles, was in uns ist, ist da, wie der Kern in einer Nuss. Warum war das Erlebnis unter dieser Bedingung möglich? Was war anders? Linde sagt, sie habe den Kampf um die »Erleuchtung« einfach aufgegeben und weggewischt. Dadurch war sie frei und offen für Neues.

Dieses Beispiel soll Ihnen zeigen, dass es sich lohnt, dranzubleiben und niemals aufzugeben.

Übung: Geräusche am frühen Morgen

Horchen Sie am Morgen auf das Rinnen des Wassers in der Leitung und auf das Plätschern der Dusche.

- ❀ Wie wirkt es auf Sie?
- ❀ Wie mag es auf Ihren Nachbarn und Ihre Umgebung wirken? Auf jeden Fall anders – von fern, als ein dumpfes

Brummen vielleicht. Jeder nimmt es unterschiedlich wahr.

Übung: Wie wirkt Musik auf Sie?

Machen Sie sich Gedanken über das, was Musik in Ihnen auslöst:

- ❊ Welche Musik befreit Ihre Gefühle?
- ❊ Welche Musik macht Ihnen Angst?
- ❊ Welche Musik stärkt Sie?
- ❊ Welche Musik schwächt Sie?

Übung Körpergeräusche

- ❊ Achten Sie künftig bewusst auf die Geräusche, die Ihr Körper von sich gibt – vom Knirschen der Gelenke bis zum Aufstoßen. Darüber hinaus gibt es natürlich die Geräusche, die beispielsweise durch Rülpsen oder Pupsen entstehen – diese sind in der Öffentlichkeit tabu.

- ❊ Welche Geräusche können Sie mit Ihrem Körper erzeugen? Schnalzen, stampfen, trommeln, pfeifen, schnackeln, singen, schnarchen, mit den Fingern schnippen, schmatzen, in die Hände klatschen, mit der Zunge schnalzen, die Hände reiben? Können Sie sich noch daran erinnern, welche Geräusche Sie als Kind erzeugt haben (und was für eine höllische Freude das bedeuten kann)?

Dirigentenübung

Sie schalten das Radio ein und suchen ein Musikstück, das Ihnen gefällt. Dann stellen Sie sich wie ein Dirigent auf und legen los.

- ❀ Wie fühlt es sich an, der Dirigent zu sein?
- ❀ Können Sie einzelne Instrumente heraushören?
- ❀ Versetzen Sie sich auch in die einzelnen Musiker und Sänger.

Übung: Nur hören, was Sie hören wollen

Jeder kann bestimmen, was er hört und was er in sich hereinlässt. Sie haben gelernt, dass Hören funktioniert, weil Schallwellen ins Ohr dringen. Also können Sie auch durch mechanischen und durch geistigen Schutz festlegen, was Sie hören wollen. Und nur das lassen Sie zu. Geistiger Schutz bedeutet, dass Sie ab sofort entscheiden, was und von wem Sie etwas hören wollen. Es gibt ja die Redewendung »über etwas hinweghören« – sie bringt genau das zum Ausdruck: Man entscheidet sich, einfach nicht hinzuhören.

❁ Wenn Sie ein Lied hören wollen, dann schalten Sie auf Empfang. Wollen Sie hingegen den Lärm des Nachbarn nicht hören, dann tragen Sie Ohrhörer oder Ohropax.

❁ Sie müssen nicht mehr hören, was Leute schwätzen. Sie können das Liebe zulassen und das Böse draußen lassen. Wenn Sie einmal Ihre Fähigkeiten ausprobiert haben und an Ihre Kräfte glauben, wird sich Ihr Leben sehr verändern. Es kann Sie auch niemand mehr verbal verletzen, wenn Sie Beschimpfungen nur mehr als Schallwellen wahrnehmen und nicht mehr als persönliche Angriffe.

Marschübung

Wir können auch räumlich hören. Das bedeutet, wir hören nicht nur den Schall an sich, sondern auch, woher er kommt. Ein überlebenswichtiger Vorteil. Kommt die Gefahr von hinten, von schräg gegenüber oder von der Seite? Diese Eigenschaft war für uns Menschen, als wir noch Jäger und Sammler waren, von höchster Bedeutung, nur so konnten wir uns vor Feinden und vor wilden Tieren schützen. Das räumliche Hören ist für diese Übung wichtig.

❁ Hören Sie Musik mit einem eingängigen Rhythmus, zum Beispiel Marschmusik. Bewegen Sie sich im Rhythmus dazu.

❁ Nehmen Sie die Musik mit dem linken Ohr anders wahr als mit dem rechten? Spüren Sie genau nach!

❀ Fühlen Sie den Rhythmus, klatschen Sie mit. Klatschen Sie dann gegen die Musik, gegen den Rhythmus.

Merken Sie, wie es sich anfühlt, mit dem Rhythmus zu gehen – also mit dem Lebensfluss –, und wie, wenn man sich dagegen stemmt?

Übung vor dem Einschlafen

Was ist Ihre Lieblingsmusik? Hören Sie diese vor dem Einschlafen eine Woche lang.

❀ Schreiben Sie am nächsten Tag auf, welche Gefühle das in Ihnen ausgelöst hat.

❀ Waren Sie die Musik, sind Sie mit ihr verschmolzen, wurden Sie getragen, umhüllt wie von einem Schutzmantel? Was spielte sich in Ihrem Inneren ab?

Dann machen Sie eine Woche Pause. Haben Sie während der musiklosen Woche trotzdem Ihre Musik vernommen? Oder haben Sie nur die Geräusche der Umgebung wahrgenommen?

Übung: Musik aus der Küche

Diese Übung ist sehr lustig.

 Versuchen Sie einmal, die täglichen Geräusche in Ihrer Küche als Musik zu hören. Das Tropfen des Wasserhahns. Das Rauschen des Wassers, wenn es läuft. Das Klappern des Geschirrs. Das Rühren im Topf. Das Klopfen des Schnitzels. Der Toaster. Das Pfeifen der Mikrowelle ...

Schon diese Aufzählung zeigt, wie vielen Geräuschen wir täglich ausgesetzt sind. Und das ist nur eine kleine Auswahl. Sie können die Übung im Bad oder Wohnzimmer beliebig fortsetzen. Und natürlich können Sie sie auch im Getümmel der Stadt machen.

Übung mit Menschen- und Tiernamen

Schreiben Sie eine Liste mit Vornamen Ihrer Freunde, Geschwister, Eltern und überhaupt Menschen, die Sie positiv oder negativ berühren, etwa Schauspieler, Ärzte, Rechtsanwälte, Krankenschwestern. Dasselbe machen Sie mit Tiernamen, die in Ihrem Leben eine Rolle spielen oder gespielt haben. Das können die Namen von Ihren Haustieren sein oder Namen aus Filmen.

Es ist keineswegs so, dass Namen Schall und Rauch sind, wie das Sprichwort sagt. Im Gegenteil. Der Klang eines Namens löst etwas in uns aus.

- Lesen Sie jeden Namen laut und achten Sie auf die damit verbundenen Empfindungen. Lassen Sie sich die Namen förmlich auf der Zunge zergehen.
- Wie geht es Ihnen damit?
- Welche Gefühle lösen die Namen in Ihnen aus?
- Nehmen Sie nun einen Stift und streichen Sie die Namen all derer aus der Liste, mit denen Sie nichts mehr zu tun haben wollen. Sie können auch dazu schreiben, warum. Auf diese Weise können Sie negative gedankliche Muster auflösen und sich von unangenehmen Verbindungen befreien.
- Bei den Namen, die positive Empfindungen in Ihnen wachrufen, schreiben Sie auf, was Sie mit den Namensträgern verbindet. Weiß der oder die Betreffende von Ihren positiven Empfindungen? Vielleicht wollen Sie das zum Anlass nehmen, diese Menschen wieder einmal zu treffen.
- Dann machen Sie die Übung mit den Tiernamen. Was verband oder verbindet Sie mit dem jeweiligen Tier? War es Ihr Krafttier, Ihr Begleiter, Ihr Beschützer? Welche Gefühle löst es in Ihnen aus?

∞

Übung: Mein Name

Jetzt dreht sich alles um Sie.

❀ Wie heißen Sie?

❀ Mögen Sie Ihren Namen? Passt er zu Ihnen?

❀ Sagen Sie den Namen laut. Wie fühlt sich das an?

∞

Gleichgewichtsübung

Abschließend noch eine Übung für den Gleichgewichtssinn, der ja, wie gesagt, ein Teil des Ohrs ist.

❀ Beobachten Sie, wie sich Ihr Gleichgewichtssinn in folgenden Situationen verhält: Stampfen Sie auf den Boden, balancieren Sie auf einer kleinen Mauer, hüpfen Sie mit einem Springseil, trainieren Sie mit einem Hula-Hoop-Reifen. Schreiten Sie wie ein Storch, stolzieren Sie wie ein Hahn, marschieren Sie wie ein Gardeoffizier, schweben Sie wie eine Ballerina, watscheln Sie wie eine Laufente, stellen Sie sich auf die Zehenspitzen.

Vom Riechen zum Hellriechen

Wie die Augen, so ist auch die Nase ein Sinnesorgan – eines, das in seiner Bedeutung gar nicht unterschätzt werden kann. Es hat beispielsweise einen großen Einfluss auf die Wahl unseres Partners, den wir bekanntlich riechen können müssen. Obwohl der Duft unsichtbar ist, hält er trotzdem wichtige Botschaften für uns bereit. Es heißt, man könne jemanden gut riechen oder eben auch nicht. Sie können sich zu hundert Prozent auf den Geruchssinn verlassen.

Die Nase und der Prozess des Riechens

Die Nase stellt den obersten Teil der Atemwege dar. Hier wird die Atemluft gereinigt, angefeuchtet und kontrolliert. Letzteres übernimmt der sogenannte Geruchssinn.

Die Nase besteht aus der Nasenscheidewand sowie aus den Nasenhöhlen und Nasennebenhöhlen, welche miteinander verbunden sind. Im oberen Teil der Nasenhöhle befinden sich Millionen von Riechzellen.

Der Mensch kann mehr als 10 000 Duftquellen unterscheiden. Selbst geringste Mengen kann er noch wahrnehmen. Mit dem sogenannten Schnuppern – kurzen Atemzügen – bringt man die Luft näher an das Riechfeld, welches die Riechzellen enthält und die Geruchseindrücke an die Nervenzellen weitergibt. Über die Riechnerven gelangen sie zum Gehirn.

Das Riechen verfeinern und trainieren
als Vorbereitung für das Hellriechen

Hellriechen bedeutet, Gerüche wahrzunehmen, die mit den physischen Geruchsrezeptoren nicht zu riechen sind. Wenn wir Übungen machen, um unser Riechvermögen zu verbessern, haben wir eine größere Chance, auch besser hellriechen zu können.

Wir unterscheiden Duftnoten wie zum Beispiel blumig, fruchtig, würzig, holzig, harzig, animalisch und erdig. Es gibt Düfte, die den meisten Menschen sympathisch sind, wie Rosenduft, Zitronenduft, Kaffeeduft. Genauso gibt es Gerüche, die fast alle Menschen abstoßen, wie diejenigen von Fäulnis, Kot und Harn. Besonders geübte Riecher gibt es unter den Käsekennern, Parfümeuren, Gewürzhändlern, Weinkennern und Blumenzüchtern.

Persönliche Erfahrungen, die wir an einem bestimmten Ort mit einem Geruch gemacht haben, oder Ereignisse, die wir mit einem Geruch assoziieren, spielen eine große Rolle. Die subjektive Bewertung eines Geruchs findet vor der eigentlichen Geruchserkennung statt.

Oft können wir in Wohnungen eines Verstorbenen oder in Büchern oder Kleidung, die ihm gehörten, noch nach Jahren seinen ganz persönlichen Geruch wahrnehmen. Egal, wie lange er schon tot ist – in dem Augenblick ist er uns ganz nahe. Erinnerungen steigen hoch. Wir sprechen vom sogenannten Duftgedächtnis.

Viele Mediziner berichten, sie können Krankheiten riechen, und Notärzte und Sanitäter erzählen von Erlebnissen, bei denen sie rochen, dass ein Mensch starb.

Es gibt Menschen, die können riechen, um welche Tierart und sogar um welches Geschlecht es sich handelt. Ein Tierarztlehrer meiner Mutter konnte Tierrassen, Krankheiten und die zur Heilung der Krankheiten richtigen Arzneien über den Geruch erkennen. Er roch an verschiedenen Tierfutterarten und erkannte so, welches Futter dem Tier zur Heilung verhelfen würde. Bei Hausbesuchen erkannte er am Geruch, der in der Wohnung herrschte, sofort die Probleme, die Herrchen, Frauchen und Tier hatten.

Beim Hellriechen kann man zarte Duftfetzen oder auch richtige Duftwolken wahrnehmen. Ob sie uns von der geistigen Welt gesandt werden, weiß niemand, die Düfte sind einfach da, manchmal schwächer, manchmal intensiver. Sie können uns in geschlossenen Räumen, in der Natur oder beispielsweise auch im Auto umgeben.

Trainieren Sie Ihren Geruchssinn, nehmen Sie einfach viel bewusster Gerüche wahr. Es öffnet Kanäle, lässt Blockaden verschwinden, und Sie entdecken eine neue, sinnliche Welt. Und natürlich verbessert sich so auch Ihre Fähigkeit hellzuriechen. Im Folgenden ein paar Anregungen:

Übung: Das Leben über das Riechen wahrnehmen

Befassen Sie sich näher mit der Bedeutung der Gerüche in Ihrem Leben und denken Sie einmal über folgende Fragen nach:

- Welche Menschen riechen für Sie gut?
- Wen können Sie nicht riechen?
- Was ist Ihr Lieblingsduft und warum?
- Was ist der Geruch Ihres Lieblingsgetränks?
- Was ist der Geruch Ihrer Lieblingsspeise?
- Welche Gerüche nehmen Sie am Arbeitsplatz, zu Hause, in Lokalen wahr?
- Wie duftet Urlaub?
- Welche Gerüche aus der Kindheit versetzen Sie umgehend in diese zurück?

Meine Großmutter liebte Maiglöckchen. Im Frühling wartete ich immer sehnsüchtig auf die ersten Maiglöckchen, um meine Oma zu erfreuen. Immer, wenn ich heute Maiglöckchen rieche, bin ich mit meiner Oma, dem wichtigsten Menschen meiner Kindheit, eng verbunden.

Meine Mutter liebt Lavendel. Sie war in Frankreich in der Stadt des Lavendels und liebt den Duft, den ihre Großmutter überall verströmen ließ. Ich mag den Geruch nicht.

Stehen Sie zu Ihren Vorlieben, machen Sie hin und wieder Duftproben in Parfümerien, um Ihr Duftvermögen zu schulen und zu verfeinern (dabei hilft Ihnen gleich die nächste Übung), aber bleiben Sie sich immer treu. Wenn Sie ein geschenktes Parfüm nicht mögen, geben Sie es lieber weiter.

Parfümübung

Sofern Sie nicht mehrere Düfte vorrätig haben, können Sie die Übung auch in einer Parfümerie durchführen.

❀ Nehmen Sie Ihr aktuelles Parfüm zur Hand, dazu noch eines, das Sie früher gern benutzt haben, und schließlich noch eine Duftnote, die Sie nie tragen würden. Vergleichen Sie die drei Düfte miteinander. Sie sollten sich dazu für jeden ausreichend Zeit nehmen und seine individuelle Note auf sich wirken lassen.

❀ Welche Gefühle kommen jeweils in Ihnen hoch?

Blumenübung

Kaufen Sie sich eine duftende Blume. Zum Beispiel eine Rose, eine Lilie oder auch Lavendelzweige.

❀ Betrachten Sie zuerst die Pflanze, riechen Sie ihren Duft. Schließen Sie dann die Augen: Was riechen Sie? Was fühlen Sie? Kommen Gefühle oder Visionen in Ihnen auf?

✿ Reiben Sie auch an den Blättern. Wie unterscheidet sich der Geruch?

Übung im Café

Gehen Sie in ein Café, in dem Sie sich gern aufhalten.

✿ Was riechen Sie?

✿ Bestellen Sie dann ein Getränk – beispielsweise Kaffee, Tee mit Zitrone oder Milch oder heiße Schokolade mit Schlagsahne. Trinken Sie nicht gleich, sondern lassen Sie den Geruch seine Wirkung tun. Schließen Sie dazu die Augen. Was nehmen Sie wahr?

Übung mit Obst und Gemüse

Oft lachen uns auf dem Markt die schönsten Früchte an. Köstlich sehen sie aus. Aber ob sie auch so gut schmecken?

✿ Um nicht die »Katze im Sack« zu kaufen, machen Sie es sich zur Angewohnheit, Obst und Gemüse stets ganz bewusst mit Ihrem Geruchssinn zu erfassen.

✿ Schnuppern Sie daran. Was genau nehmen Sie wahr?

✿ Sammeln Sie Erfahrung mit qualitativ hochwertigen Lebensmitteln im Vergleich zu minderwertigen. Woran lässt sich der Unterschied festmachen?

Vom Schmecken zum Hellschmecken

Ohne unseren Geschmackssinn wäre jede Mahlzeit eintönig, und ein wichtiger Teil unserer Lebensfreude wäre dahin. Auch Menschen, die nicht gerade Feinschmecker sind, haben Gefallen an dem, was ihnen schmeckt, und unterscheiden es von Nahrungsmitteln, die bei ihnen einen Widerwillen hervorrufen.

Die Zunge und der Prozess des Schmeckens

Wie funktioniert unser Geschmackssinn? Das Geschmacksorgan ist hauptsächlich auf der Zunge lokalisiert und besteht aus einigen tausend Geschmacksknospen. Diese befinden sich in den Wärzchen auf der Zunge. Sie enthalten Sinneszellen, welche die Geschmackseindrücke in Nervenreize umsetzen, sodass sie dem Gehirn zugeleitet werden können. Nur gelöste Stoffe rufen Geschmacksempfindungen hervor. Sauer und salzig wird hauptsächlich an den Zungenrändern, süß an der Zungenspitze und bitter am Zungengrund empfunden.

Abwechslungsreiches Essen schärft generell den Geschmackssinn. Variieren Sie also Ihre Speisen und essen Sie so natürlich wie möglich. Zu viel Salz, zu viel Zucker, zu viel Fett und zu große Mengen an Essen dämpfen Ihre Sinne. Der Einheitsgeschmack von aromatisierten, übersalzenen und überzuckerten Fertiggerichten tötet den feinen Geschmackssinn auf

Dauer ab. Alles schmeckt gleich, nichts ist frisch, nichts natürlich.

Ein Beispiel, das ich meinen Klienten immer wieder erzähle, ist der Erdbeerjoghurt: Versuche mit Testpersonen haben gezeigt, dass der Großteil der Menschen einen Erdbeerjoghurt mit »echten« Erdbeeren nicht mehr von einem vollkommen aromatisierten Produkt unterscheiden kann – im Gegenteil: Die meisten Testpersonen hielten den komplett aromatisierten Joghurt für »echt«, der tatsächlich echte Erdbeerjoghurt schmeckte für sie fad und geschmacklos. Lassen Sie es bitte nicht zu, dass Ihre Geschmacksnerven verkümmern, und versuchen Sie, so oft es Ihnen möglich ist, zu frischen Produkten der Saison zu greifen und quer durch den Gemüse- und Obstgarten zu essen: Ihre Sinne und Ihre Gesundheit werden es Ihnen danken!

Das Schmecken verfeinern und trainieren als Vorbereitung für das Hellschmecken

Warum sagen wir: Das Auge isst mit? Warum empfinden wir appetitlich hergerichtete Speisen als besonders lecker? Ein schön gedeckter Tisch und edles Porzellan statt Pappbecher, Dose und Strohhalm machen aus Essen und Trinken einen ganz anderen Genuss. Der Anblick einer reifen Frucht lässt uns deren Süße spüren. Und auch die Farben von Getränken und Speisen haben ihre Wirkung. Solche Eindrücke spielen beim Zustandekommen einer Geschmacksempfindung eine große Rolle.

Hellschmecken ist hingegen eine Fähigkeit, die mit den physischen Geschmacksrezeptoren nicht zu erfassen ist. Wir schmecken plötzlich den Geschmack von Schokolade oder frischen Himbeeren, von Salz oder Pfeffer. Wir fühlen ein Kribbeln auf der Zunge oder am Gaumen. Honig umhüllt weich die Lippen.

Eingangs wurde bereits gesagt, dass der Geschmackssinn auch für Nicht-Feinschmecker von Bedeutung ist. Jeder kann seinen Geschmackssinn trainieren.

Übung mit Marmeladen und Früchten

Füllen Sie drei verschiedene Marmeladen in drei gleichförmige Schälchen. Schließen Sie die Augen und verschieben Sie die Schälchen so, dass Sie nicht mehr wissen, welche Marmelade in welchem Schälchen ist.

✿ Riechen Sie zuerst daran und dann kosten Sie eine nach der anderen. Dazwischen trinken Sie immer einen Schluck Wasser. Was schmecken Sie? Süße? Die jeweilige Frucht?

✿ Versuchen Sie dasselbe einmal mit verschiedenen Früchten wie Apfel, Traube, Birne etc. Selbst unterschiedliche Sorten von Äpfeln können ganz unterschiedlich in ihrem Aroma sein: mal mehlig süß, mal fest und wässrig, mal aromatisch und säuerlich ... Bei dieser Übung werden Sie schon beim Ertasten der einzelnen Früchte merken, um welche es sich jeweils handelt. Das macht nichts.

Schmecken Sie trotzdem ganz genau die Unterschiede heraus.

Für solche Geschmacksübungen probiere ich auch immer wieder neue und exotische Früchte aus, um meinen Geschmackssinn zu trainieren und den Geschmackshorizont zu erweitern. Gehen Sie einfach einmal auf einen großen Markt, kaufen Sie sich die exotischen Früchte des Südens und erleben Sie die süß-aromatische Geschmacksexplosion auf Ihrer Zunge.

Vom Tasten zum Helltasten

Auch über unsere Haut und die Schleimhäute haben wir Sinnesempfindungen. Im Außenbereich sind besonders die Finger und die Lippen mit Feingefühl ausgestattet.

Die Haut – unser Tastorgan

Die taktilen Sinnesempfindungen gehören zu den Hautsinnen. Unsere Haut stellt die Grenze zwischen Innen- und Außenwelt dar. In der Haut befinden sich zahlreiche Rezeptoren. Diese transportieren die taktilen Reize in die entsprechenden Bereiche des Gehirns, wodurch sie uns als Tastwahrnehmungen bewusst werden. Die Qualität der Empfindungen wie Berührung, Druck, Vibration, Kitzel, Wärme, Kälte, Schmerz, Jucken hängt auch von dem psychischen Zustand ab, in dem sich jemand befindet.

Die Haut reagiert mit verschiedenen Veränderungen auf Umwelteinflüsse. Gänsehaut entsteht bei äußerlicher Kälte oder auch durch das rein subjektive Empfinden von Furcht. Kälteschauer oder Hitzewallungen jagen einem durch den Körper, man erschaudert – vor Kälte genauso wie aus Angst oder freudiger Erregung.

Das Tasten verfeinern und trainieren als Vorbereitung für das Helltasten

Viele Menschen nehmen ihren Tastsinn gar nicht wahr. Wie selbstverständlich fassen wir Dinge an und machen uns gar nicht weiter bewusst, dass sie sich ganz unterschiedlich anfühlen. Umso wichtiger ist es für das Helltasten, dass wir ausreichend Erfahrungen mit unserem Tastsinn gesammelt haben. Helltasten ist faszinierend: Man spürt eine Oberfläche, ohne diese tatsächlich zu berühren.

Bei den folgenden Übungen ist es besonders hilfreich, die Augen zu schließen.

Übung: Ein Tier streicheln

❀ Streichen Sie einer Katze oder einem Hund über das Fell. Dann wiederholen Sie dasselbe einige Zentimeter vom Körper des Tieres entfernt. Spüren Sie die Wärme und Energie, die es ausstrahlt, auch wenn Sie es nicht direkt berühren.

❀ Wiederholen Sie die Übung zu einem anderen Zeitpunkt und beginnen Sie gleich mit dem zweiten Teil der Übung. Was spüren Sie, wenngleich Sie das Tier gar nicht berühren?

Übung in der freien Natur

Setzen Sie sich für diese Übung auf eine Wiese.

❀ Wie fühlt es sich an, auf der Erde zu sitzen? Hart, nass, kalt oder wohlig kuschelig? Streichen Sie sanft über die Erde und über das Gras.

❀ Vielleicht haben Sie gerade das Glück, und ein kleiner Marienkäfer setzt sich auf Ihrer Haut nieder. Es fühlt sich so zart an, wie das Streicheln eines Geliebten.

❀ Können Sie etwas in den Boden zeichnen? In der Erde eine Spur mit Ihren Fingern hinterlassen?

Steinübung

Sie können die Übung mit großen oder kleinen Steinen durchführen. Wichtig ist dabei nur, dass die Steine ähnlich in Größe und Form sind, sich aber, wenn man sie betrachtet, doch voneinander unterscheiden, etwa durch die Farbe. Vielleicht haben Sie die Möglichkeit, an einem Flussbett welche zu sammeln. Andernfalls kaufen Sie in einem Steingeschäft oder in einem Esoterikladen ein kleines Steinsäckchen. Breiten Sie die Steine zu Hause vor sich auf dem Tisch aus und wählen Sie drei bis fünf aus. Schließen Sie die Augen und mischen Sie sie.

- Nehmen Sie die Steine nacheinander einzeln in die Hand und lassen Sie jeden auf sich wirken. Ist die Oberfläche rau oder glatt, fühlt sie sich warm oder kalt an? Ist der Stein leicht oder schwer? Dasselbe wiederholen Sie mit allen anderen Steinen. Können Sie sie voneinander unterscheiden?

- Legen Sie dann ein Tuch über die Steine. Greifen Sie jetzt unter das Tuch und versuchen Sie zu ertasten, welchen Stein Sie gerade berühren. Nehmen Sie sich ruhig ein wenig Zeit dafür. Dann ziehen Sie den Stein unter dem Tuch hervor. Lagen Sie richtig?

Üben Sie, sooft Sie Zeit haben. Ärgern Sie sich nicht, wenn es nicht gleich klappt. Sie werden sehen, es wird der Tag kommen, an dem Sie bei allen fünf richtig liegen. Wenn es so weit ist, schenken Sie sich ein großes Lob. Seien Sie stolz auf Ihre Fähigkeiten. Kosten Sie den Erfolg aus. Alles im Leben beginnt mit dem ersten Schritt.

Federübung

⚜ Streichen Sie sich mit einer Feder über die Wangen, die Lippen, den Hals, die Unterarme und die Innenseiten der Hände. Merken Sie Unterschiede? Stellen Sie genau fest, welche das sind.

Weitere Sinne

Neben den genannten fünf Hauptsinnen verfügen wir noch über weitere Sinne. Der Temperatursinn beispielsweise hilft unserem Körper, die Außentemperatur wahrzunehmen, und schützt ihn gleichzeitig. Es folgt ein Beispiel für eine sehr wirkungsvolle Vorgehensweise hierzu, die Sie nach Bedarf auf ähnliche Fälle übertragen können. Ein amerikanischer Seher hat sie mir beigebracht. Er war begeisterter Skifahrer und lebte in Kalifornien.

An der Grenze zum US-Bundesstaat Nevada befindet sich der beeindruckende Lake Tahoe. Direkt vom Berggipfel aus mit seinen verschneiten Tannen fährt man in Richtung See mit seinem blitzblauen Wasser ins Tal. Es war ein sehr kalter Wintertag, und ich fror an den Händen, denn meine Handschuhe waren zu dünn. Der Wald war so märchenhaft angezuckert mit Neuschnee, dass man darauf wartete, dass Schneeelfen über die Wipfel tanzen würden.

Als er bemerkte, wie kalt es mir war, sagte er, ich solle mir meine Hände so groß wie Bananenblätter vorstellen und das Blut dann bis in die Fingerspitzen leiten. Was ich umgehend machte – mit dem Ergebnis, dass mir sofort warm wurde. Diese einfache, die Durchblutung steigernde Übung verhalf mir zu warmen Händen und damit zu weiteren Winterfreuden.

Wichtige begleitende Maßnahmen

Um sicherzugehen, dass Ihre hellsichtigen Wahrnehmungen klar und rein sind, müssen Sie sich vor negativen Menschen und ihren negativen Schwingungen schützen. Vielleicht ist Ihnen das auch schon passiert: Sie fahren gut gelaunt zur Arbeit. Und auf einmal schlägt Ihre Fröhlichkeit in Ärger um. Irgendwie unheimlich, blitzschnell und ohne Grund. Das ist ein Beispiel, wo Sie wie ein Staubsauger negative Einflüsse von anderen Menschen in Ihr Leben lassen. Hier hilft es, sich das bewusst zu machen. Und immer wieder darauf zu achten, woher so ein plötzlicher Stimmungsumschwung kommt. Wenn Ihnen diese Vorgänge bewusst sind, können Sie das Ganze äußerst leicht stoppen.

Die eigenen Empfindungen richtig einschätzen

Wenn Sie zum Beispiel Enttäuschung, Wut oder Hass empfinden, achten Sie immer darauf, ob das wirklich Ihre eigenen Gefühle sind oder die Ihrer Mitmenschen. Beobachten Sie genau, wie Sie reagieren. Wenn das Gefühl in Ihnen wurzelt, fragen Sie sich, woher es kommt. Spüren Sie in das Gefühl hinein. Sie müssen eine echte Nabelschau betreiben.

Beachten Sie auch: Wenn Sie müde, überarbeitet, krank oder einfach erschöpft sind, können sich die Ergebnisse Ihrer hellsichtigen Aktivitäten verschlechtern. Doch das ist kein Grund zum Verzweifeln, auch den erfahrensten Sehern kann es so gehen. Schließlich sind diese auch nur Menschen mit Höhen und Tiefen im Privatleben. Sie brauchen sich also nicht klein und mickrig zu fühlen, wenn Ihnen etwas nicht gelingt, und schon gar nicht sollten Sie sich selbst die Schuld geben.

Denken Sie an meine Worte: Auch Seher sind ganz normale Menschen, die lachen, weinen, sich freuen, sich ärgern, die leben und sterben. Vielleicht ertragen Sie mit diesem Hintergrundwissen Ihre Tiefs leichter und können sich über Ihre Hochs dann noch mehr freuen.

Die Alltagssinne und die Hellsinne schärfen

Vielleicht fragen Sie sich beim Lesen dieser Seiten: Diese profanen Alltagsübungen sollen mein Leben verändern? Sollen mich hellsichtig machen? Meine Erfahrung sagt: Ja, so ist es. Es können gar nicht genug Alltagsübungen sein. Sie verfeinern die Sinneswahrnehmungen. So können Sie ganz nebenbei noch Fehlentscheidungen und Fehlkäufe minimieren – dadurch bleiben mehr Zeit, mehr Lebensfreude, eine bessere Gesundheit und mehr Geld. Alles, was uns das Leben leichter macht.

Wenn andere über Sie lächeln, lächeln Sie mit. Wenn Sie dann glücklich, zufrieden und gut situiert sind, werden alle Freunde Sie fragen, wie Sie das geschafft haben. Sie können es ihnen dann gern erzählen: nicht mit Hilfe eines Gurus oder Außerirdischen, sondern mit Ihren eigenen Kräften, die in Ihnen schlummerten und die Sie nur wecken mussten. Alles liegt in Ihnen! Sie werden die Informationen, die Ihnen übermittelt werden, von Tag zu Tag besser verstehen. Ihr Leben wird dadurch leichter und schöner, Ihre Gefühle werden sich intensivieren, und das Beste von allem ist: Niemand kann Sie davon abhalten. Es ist Ihre freie Entscheidung, diesen Weg zu gehen. Ich bin ihn gegangen, gehe ihn jeden Tag wieder und bin glücklich damit geworden. Ebenso wünsche ich Ihnen, dass auch Sie Ihr Glück auf Ihrem Weg finden.

Ihr persönlicher Schutzmantel

Eine Freundin meines Vaters wohnt in einer sehr alten Stadt. Dort gibt es einen riesengroßen Felsen mit Gletscherschliff. Das heißt, der Gletscher zog vor vielen, vielen Jahren durch die

Stadt und schliff den Felsen ab. Genau unter diesem Berg hatte diese Freundin ihr Kaffeehaus. Sie freute sich immer auf liebe Gäste aus aller Welt. Wenn Touristen kamen, erklärte sie ihnen die Stadt, den Berg, und alle Menschen liebten sie.

Doch eines Tages kam ein bösartiger Mann und beschimpfte und beleidigte sie. Traurig und müde ging sie am Abend ins Bett. In dieser Nacht hörte sie plötzlich eine Stimme, die sagte: »Nora, hol dir die Kraft des Berges.« Da wachte sie auf und hörte immer noch den Satz: »Nora, hol dir die Kraft des Berges.« Sie stand auf und war völlig ratlos. Da kam ihr jedoch die Begegnung mit einer alte Dame, die sie im Park getroffen hatte, in den Sinn. Diese hatte ihr erklärt, man könne sich in Gedanken in einen Baum, einen Stein oder einen Berg verwandeln. Nora lächelte bei der Idee, sich in den riesigen Berg hinter ihrem Rücken zu verwandeln. Gleichwohl tat sie genau das in ihrer Vorstellung.

Am Abend, als sie wieder im Kaffeehaus war, kam der Stänkerer vom Vortag zu ihr. In dem Augenblick begann sie, in ihrem Inneren zu wachsen.

Wir wissen nicht, warum derjenige so ist, der uns angreift oder beleidigt, welche Bürde, welche Last, welche Frustration er mit sich herumträgt. Vielleicht will er sich mit dem Beschimpfen anderer Erleichterung verschaffen.

Jedenfalls wuchs und wuchs sie. Dadurch wurde der Stänkerer vor ihr immer kleiner. Sie fühlte sich auf einmal richtig stark und glücklich und schlief an diesem Abend mit einem Lächeln auf den Lippen ein. Im Traum hörte sie wieder die Stimme: »Nora, lass dich nie mehr unterkriegen, werde ein

Berg, und der Ärger wird klein, werde ein Fluss, und der Ärger schwimmt weg.«

Wenn Sie zu Ihrem eigenen Schutz solche Übungen machen, dann bedenken Sie immer: Das sind Ihre Kräfte. Sie brauchen nichts von außen, Sie haben alles in sich. Sie müssen sich nur vertrauen. Bleiben Sie sich stets treu und lassen Sie sich weder von außen noch von innen stressen, dann geht es Ihnen gut.

Der sechste Sinn

Fast jeder hat es schon einmal erlebt: dieses Gefühl »Ich weiß es einfach«. Das kann je nach Situation als beglückend oder als belastend empfunden werden. Egal ob wir es als Bauchgefühl oder als Intuition bezeichnen, als sechsten Sinn oder als außersinnliche Wahrnehmung – wir wissen nicht, woher es kommt, es ist einfach da, klar und deutlich. Es kommt, ohne gerufen zu werden.

Menschen, die kreativ arbeiten oder sonst irgendwie um Lösungen ringen, kennen das: Maler, Musiker, Bildhauer, Journalisten, Ärzte, Forscher, Schriftsteller, Designer usw. Sie wollen einen Artikel schreiben, eine Diagnose finden, etwas Neues schaffen, aber ausgerechnet jetzt herrscht im Gehirn Leere. Das erforderliche Fachwissen, die Erfahrung, hohes berufliches Können – all das ist vorhanden, und trotzdem fällt einem nichts ein. Und dann ist da ganz unverhofft der zündende Gedanke, und es fließt wie von selbst. Vergessen sind die hunderte von zerknüllten leeren Blättern, die verpatzte Leinwand, das unleserlich vollgekritzelte Notenblatt. Sie ist einfach da: die Gewissheit, auf die man so gehofft hat.

Ein guter Freund meiner Familie ist ein berühmter Naturwissenschaftler. Er forschte Tage, Monate und Jahre über Salmonellen und wie man Mensch und Tiere vor ihnen schützen kann. Nächtelang blieb er bis zum Morgengrauen im Labor und suchte nach einer Lösung. Eines Morgens fand ihn die Reinigungsfrau über seinen Forschungspapieren schlafend. Sie weckte ihn – und plötzlich, so erzählte er uns später, durchfuhr es ihn wie ein Blitz. Er hatte die Lösung! Seitdem glaubt auch dieser Forscher an den sechsten Sinn. Er hatte von irgendwoher die richtige Information zur Lösung seines Problems bekommen und war darüber sehr glücklich. Manche Kollegen freuten sich mit ihm über seinen Forschungserfolg, andere waren neidisch und spotteten, als er ihnen die Geschichte von seinem sechsten Sinn erzählte.

Erstaunlicherweise berichteten daraufhin viele andere seiner Kollegen, die wissenschaftlich tätig waren, über ähnliche Erlebnisse. Erst sein Mut, zu erzählen, wie er plötzlich die Eingebung gehabt hatte, ermutigte die anderen, zu ihren Erlebnissen zu stehen.

Vergessen Sie nie: Eingebungen sind Segen und Fluch zugleich. Segen, weil sie uns helfen können, uns stärken, warnen, vor etwas bewahren, Gewissheit bringen und mitunter zu großen Erfolgen beitragen. Fluch, weil sie Verborgenes aufdecken und uns damit womöglich ängstigen und beunruhigen – wir sind dann zwar gewarnt, können aber möglicherweise den Verlauf der Dinge nicht ändern.

Gedächtnis der Sinne

Ich habe schon vom Duftgedächtnis gesprochen. Genauso kann auch das, was wir sehen und hören (hier ist es am offensichtlichsten, denn jeder erlebt es immer wieder) und was wir schmecken und fühlen – was immer wir also mit unseren Sinnen wahrnehmen –, in unserem Gedächtnis präsent sein. Immer wenn also eine Erinnerung auftritt, sollten Sie sich die damit verbundenen Eindrücke genau aufschreiben. Mit anderen Worten: Es muss Ihnen bewusst werden, dass Sie mit einem Ihrer Sinne gerade etwas wahrnehmen, das zu einem ganz anderen Zeitpunkt und an einem anderen Ort stattgefunden hat.

Ein Freund und Kollege hat mir einmal erzählt, dass er den Duft des Parfüms seiner Freundin immer schon Minuten vor ihrem Erscheinen wahrnehmen kann. Eines Tages habe ich es selbst erlebt. Wir waren in der Stadt zu einem Treffen verabredet und saßen in unserem Lieblingslokal. Plötzlich wurde mein Freund unruhig und sagte: Ich glaube, gleich kommt meine Freundin vorbei. Kurze Zeit später stand sie schon vor uns.

3
WIE SIE ZU STIMMIGEN
EINSICHTEN GELANGEN

Hellsehen ist etwas besonders Schönes, denn Wissen gibt Gewissheit, die richtigen Entscheidungen fällen zu können. Wo andere Menschen kurzsichtig oder gar blind durchs Leben wandern, kann der geschulte Hellseher von seinem Wissen profitieren.

Energiequellen

Für das Hellsehen müssen die Energien aufgeladen sein. Sie können sich das vorstellen wie den Akku Ihres Handys oder eine Autobatterie. Ohne die funktioniert Ihr Handy nicht bzw. kann sich Ihr Auto nicht fortbewegen.

Bevor Sie die nächsten Seiten lesen, denken Sie doch einmal darüber nach, woher Sie Ihre Energie bekommen, was genau

Ihre Energiequellen sind. Ich verrate Ihnen hier einmal meine Energiequellen.

Mitmenschen

Meine größte Energiequelle sind Menschen. Da sind meine wunderbare Familie, sehr treue Freunde und liebe Bekannte. Ich stehe mit positiven Menschen immer im Energieaustausch. Das bedeutet, dass nicht nur ich ihnen Energie sende, sondern dass auch sie mir Energie zurücksenden. Bei uns funktioniert der Energieaustausch so gut, dass wir, auch wenn wir tage- oder wochenlang keinerlei Kontakt haben, immer positiv miteinander verbunden sind. Jeder fühlt, wie es dem anderen geht. Wenn wir uns dann treffen, können wir sofort miteinander sprechen, ohne dass wir den üblichen Small Talk brauchen. Denn wir waren zwar in der Zwischenzeit körperlich getrennt, aber nie geistig.

Denken Sie darüber nach, mit welchen Menschen es Ihnen auch so geht.

Bewegung und Natur

Eine weitere wichtige Energiequelle sind für mich Bewegung und die Natur. Und das Wunderbare: Beides lässt sich hervorragend miteinander verbinden. Hierbei sind alle vier Elemente vertreten: Die Energie der Erde hole ich mir beim Spazierengehen und Joggen und im Fitnesscenter. Die Energie des Wassers hole ich mir beim Schwimmen, Surfen und Schnorcheln. Die Energie der Luft hole ich mir beim Wandern auf hohen Bergen und bei meinen täglichen Sprech- und Gesangsübungen. Die Energie des Feuers hole ich mir beim Anzünden von Kerzen und bei der Beobachtung von Blitzen und den Sternen.

Tiere

Von Kindheit an stand ich auch im Energieaustausch mit Tieren. Sie begleiten mich seither auf meinem Lebensweg. Als kleiner Junge litt ich an einer schweren Lungenentzündung und hatte einen schlimmen Fieberschub. Kein Arzt konnte mir mehr helfen, die Medikamente und Infusionen schlugen nicht an. Die Kinderärztin rechnete mit dem Schlimmsten. Ich war kaum noch ansprechbar. Das Fieber stieg und stieg. Meine Mutter, eine Tierärztin, war sehr besorgt, traurig und verzweifelt. Doch sie hörte auf ihr Gefühl und entschloss sich, auf ihre Art Hilfe und Energie zum Besiegen der Krankheit in das Haus zu holen. Während meine Oma bei mir blieb, rannte sie in die nächste Tierhandlung und kaufte ein kleines Kätzchen.

Zu Hause angekommen, setzte sie das Kätzchen geschwind auf meine Bettdecke. Es hatte ein schwarz-weißes Fell und war gerade erst zwölf Wochen alt. Ich werde nie vergessen, wie es auf der Bettdecke hin und her spazierte. Dann legte es sich neben mein Kopfkissen und rieb sein Köpfchen an meinem. Ich spürte, wie Energie in mich einströmte. Das Fieber begann wie durch Zauberhand zu sinken. Die Kinderärztin kam zum Hausbesuch und strahlte meine Mutter an. Sie hat uns Jahre später erzählt, sie habe in der Nacht von meiner Genesung, als ich über dem Berg war, genau diese Situation geträumt. Hatte sie meiner Mutter den Traum telepathisch übertragen? Und sie damit zum Handeln gebracht? Seitdem weiß ich jedenfalls, wie wichtig Tiere für uns Menschen sind.

Zu den schönsten, belebendsten Momenten in meiner Jugend zählte es, wenn Mama wieder ein Tier gerettet hatte und ich es gesund pflegen durfte. Bei uns zu Hause ging es oft zu wie in einem Zoo. Kranke Goldfische wurden aufgepäppelt, Goldhamster mit gebrochenen Pfötchen geschient, Hundewelpen per Kaiserschnitt auf die Welt geholt, Laufenten nach Katzenbissen gesund gepflegt und Schlangen bei der Häutung geholfen. Meine Mama arbeitete oft zwanzig Stunden am Tag, und ich weiß, dass sie ihre enorme Energie von den Tieren hatte. Es fand ein Energieaustausch statt. Sie operierte und behandelte die Tiere, und diese dankten ihr den Einsatz mit Energieübertragung – so wie mir seinerzeit das Kätzchen das Leben gerettet hat.

Nahrung

Eine weitere Energiequelle ist natürlich die Nahrung. Achten Sie immer genau darauf, was Sie an fester Nahrung und Flüssigkeit zu sich nehmen. Natürlich sollte es möglichst frisch sein.

- ❊ Rote Lebensmittel geben uns die Feuerenergie: zum Beispiel Erdbeeren, Tomaten, Kirschen, rote Äpfel und Paprikaschoten.
- ❊ Blaue Lebensmittel wecken in uns die Energie der Seen und Ozeane: zum Beispiel Auberginen, Zwetschgen und Oliven.
- ❊ Grüne Lebensmittel entfachen die Energie der Lebensaufgabe: zum Beispiel Salate, Erbsen, grüner Paprika und Spinat.
- ❊ Gelbe Lebensmittel enthalten die Energie der Sonnenstrahlen: zum Beispiel gelber Paprika, Melonen und Zitronen.

Wenn Sie einkaufen gehen, achten Sie immer darauf, wohin es Sie zieht. Ja, auch dazu dient Hellsehen: Es erleichtert Ihr Leben in ganz praktischer Hinsicht. Gutes und schlechtes Obst oder Gemüse kostet oft gleich viel. Aber wenn Sie wissen, wie Sie an das gute kommen, leben Sie gesünder und haben obendrein mehr Genuss. Genauso funktioniert das natürlich mit Getränken.

Im Schlaf die Sinne pflegen

Denken Sie einmal ans Einschlafen. Warum schlafen Sie das eine Mal gut und ein anderes Mal schlecht? Gehen Sie dieser Frage auf den Grund und versuchen Sie, etwas dagegen zu unternehmen. Es fängt an mit dem richtigen Bett und einer hochwertigen Matratze. Hier sollten Sie auf keinen Fall sparen. Etwa ein Drittel unseres Lebens verbringen wir schlafend, daher ist es wichtig, sich den Schlaf so angenehm wie möglich zu machen. Ich glaube, es ist sinnvoll, vor dem Schlafengehen zu duschen, sich dann einzucremen und die Zähne zu putzen, danach in ein Nachthemd oder einen Schlafanzug zu schlüpfen, in dem Sie sich wohlfühlen, und – jedenfalls in der kalten Jahreszeit – warme Socken überzuziehen. Eine kuschelige Decke und ein bequemes Polster tun ein Übriges, damit die äußeren Rahmenbedingungen stimmen. Dann machen Sie Ihr Ritual – streicheln Sie Ihrem Partner oder sich selbst über die Wange, bedanken sich für den guten Tag und begeben sich zur Nachtruhe.

Vertrauen in den Fluss des Lebens

Auch das trägt sehr zu unserem Wohlbefinden bei: wenn wir uns nicht gegen den Verlauf der Dinge sperren. Lernen Sie, dem Leben zu vertrauen, und Sie werden wahrhaft wunderbare Erlebnisse haben. Manchmal sind es große Dinge, die uns zufallen, manchmal nur scheinbar unwesentliche Dinge wie ein passendes Paar Schuhe zur rechten Zeit:

Vor Kurzem brauchte ich neue Lackschuhe für meinen Smoking, weil ich auf einer Geschäftsreise eine spontane Einladung für ein Red-Carpet-Event erhalten hatte, wo ich viele alte Bekannte treffen würde. Zwischen dem letzten Geschäftstermin und dem Empfang hatte ich genau 25 Minuten Zeit. Also fuhr ich ins Hotel, zog meinen Smoking an und dazu normale Schuhe. Dann mit dem Taxi zum Veranstaltungsort. Wir gerieten in einen Stau und kamen genau vor einem kleinen Schuhgeschäft zum Stehen. Ich bat den Taxifahrer, dort zu halten. Es war gerade ein Parkplatz frei. Ich stieg aus und ging ins Geschäft. Eine freundliche Verkäuferin brachte mir binnen drei Minuten das Paar Lackschuhe in meiner Größe, das zum Smoking passte. Ich war glücklich.

Musik

Eine weitere wichtige Energiequelle ist für mich die Musik. Ich spiele Klavier, seit ich ein kleiner Junge war. Ich habe gern und fleißig geübt und später immer gespielt, was mir eingegeben wurde: von Mozart über Elvis bis Coldplay.

Auch jetzt höre ich, wann immer mir danach ist, meine Lieblingsmusik, gehe in die Oper und besuche Konzerte. Die Musik erzeugt in unserem Körper Schwingungen und lädt uns mit Energie auf. Ich bekomme auch oft Botschaften über die Musiktexte, wie Worte und Namen, die als Antworten auf Fragen meiner Klienten sichtbar werden. So kann ich die Energie und die Botschaften aus der Musik in praktische Lebenshilfe und seherische Mitteilungen transformieren.

Glaube

Mein Glaube ist ebenfalls eine wichtige Energiequelle. Ich glaube, dass es einen Schöpfer gibt, und ich glaube auch an den Heiligen Antonius von Padua. Meine Mama ist nach dem

Schutzpatron benannt. Ich spende immer wieder Kerzen in den schönsten Kapellen und Kathedralen der Welt. Und ich bedanke mich jeden Abend bei meinem Heiligen, denn er ist für mich eine Kraftquelle und Inspiration.

Lebensbereich-Erheller

Nun werde ich Ihnen ein Geheimnis verraten. Nämlich wie ich mit Hellsehen regelmäßig meinen Lebensbereich erhelle. Egal wo ich mich gerade in der Welt aufhalte, ob in Asien, Australien, Amerika, Afrika oder Europa – ich gönne mir mindestens einmal pro Woche die Technik der Lebensbereich-Erhellung. Ich setze mich in ein Café, ein Restaurant oder eine Bar und bestelle mir mein Lieblingsgetränk bzw. mein Lieblingsgericht. Dann suche ich mir einen Menschen, der mich anzieht. Das kann die Bedienung sein oder ein Gast. Ich drehe mich in ihre oder seine Richtung und lasse die Eindrücke und Schwingungen, die kommen, auf mich wirken. Dann schicke ich der Person einen Lichtstrahl und sehe, wie sie zu strahlen anfängt. Manchmal schaut die Person dann in meine Richtung und schickt mir so den Lichtstrahl zurück.

Am besten, Sie fangen gleich an, Ihre Beobachtungsgabe zu schärfen. Ob Menschen, Landschaften, Straßen, Tiere – alle Begegnungen üben eine Wirkung auf uns aus. Es wird uns plötzlich warm ums Herz, oder es fröstelt uns. Innerhalb eines kurzen Augenblicks springt bei manchen Sympathie über, anderen gegenüber empfinden wir eine Antipathie.

Wollen Sie ein intensives Leben führen oder soll es einfach so dahinplätschern? Lassen Sie sich von niemandem beeinflussen. Sie dürfen selbst wählen. Ich ziehe ein intensives Leben vor, aber eine Tante von mir lebt genau das Gegenteil davon und wirkt auch sehr glücklich. Jeder Mensch hat dunkle und helle Zeiten in seinem Leben. Um aus den dunklen Zeiten herauszufinden, hilft die Lebensbereich-Erhellung. Übrigens habe ich das Glück, dass ich meine Gefühle sehr gut in Worte fassen kann. Ich versuche immer, Gefühl und Verstand in allen Lebensbereichen einzusetzen, und das hat sich sehr bewährt. Auch denjenigen, die bei mir Antworten suchen, rate ich stets, mit Gefühl und Verstand an alle Dinge des Lebens heranzugehen.

Hierzu ein Beispiel: Ich gehe durch eine Straße, bleibe vor einem Haus stehen und versuche, die Schwingung des Hauses zu erfühlen. Was nehme ich wahr? Nehme ich überhaupt etwas wahr? Ich betrachte die Fassade. Diese ist wie das Äußere eines Menschen, seine Aufmachung und seine Kleidung. Ist die Fassade neu, glatt, rissig? Hat sie eine schöne Farbe? Welche Farbe? Blättert die Farbe ab? Gibt es Graffiti? Was hat das Haus für Fenster? Sind es Lärmschutzfenster? Schotten sich die Bewohner auf diese Weise ab vom Lärm? Sind die Fenster geputzt? Haben sie Vorhänge? Dann lese ich die Namen am Klingelschild. Hat das Haus einen Duft, wirkt es traurig oder fröhlich? Was gab es wohl für die Menschen an Freude und Leid in diesem Haus? Spricht mich irgendetwas an diesem Haus an? Warum habe ich dieses Haus gewählt? Manchmal gehe ich nach ein paar Minuten weiter, weil ich fühle, es kommt heute noch etwas anderes auf mich zu. Ich lasse mich durch die Straßen treiben, und plötzlich lächelt mein Bauch. Ich bin entspannt und stehe beispielsweise vor einem himmelblauen Haus mit weißen Fensterläden. Die Eingangstür ist aus weißem Holz, und an der Tür befindet sich eine Messingklingel. Ich fühle und spüre es: Dieses Haus ist ein Lichthaus. In dem Moment, wo man merkt, man ist angekommen, wird man sich entspannen und sich glücklich fühlen. Bei der Suche nach dem Licht bitte nie aufgeben!

Die eigenen Wahrnehmungen überprüfen

Die folgenden Übungen sind ganz einfach und dienen dazu, die Stimmigkeit Ihrer Wahrnehmungen zu überprüfen und Ihr Wahrnehmungsvermögen immer wieder zu verfeinern. Das bedeutet, Sie nehmen etwas wahr, entscheiden sich für eine Vorgehensweise, schließlich überprüfen Sie das Ergebnis.

∞

Übung im Einkaufscenter

Sie suchen einen warmen Pullover. Schick soll er sein und preiswert dazu, außerdem von guter Qualität und natürlich pflegeleicht. Für den Einkauf haben Sie mehrere Geschäfte zur Auswahl.

 Wo zieht es Sie hin?

❀ Müssen Sie ein Geschäft nach dem anderen aufsuchen, um das von Ihnen gewünschte Objekt zu finden, oder haben Sie, Ihrer Intuition folgend, das richtige Stück nach zehn Minuten und sind glücklich über den Kauf?

Rateübung

Eine meiner Lieblingsübungen als junger Mann bestand darin, Post zu erraten.

❀ Was ist heute im Briefkasten? Wie viele Poststücke sind es insgesamt? Werbung? Wenn ja, von welcher Firma? Privatpost – von wem? Rechnungen – von wem?

Und genauso geht das mit den Nachrichten auf dem Handy – soweit der Absender bzw. Anrufer nicht einen individuellen Klingelton hat. Vielleicht ordnen Sie es erst einmal grob zu: Ist es geschäftlich oder privat? Und dann:

❀ Wer hat mir die SMS, die gerade hereinkommt, geschickt?
❀ Wer ruft auf dem Handy an?

Auch hier können Sie umgehend überprüfen, ob Sie mit Ihrer Vermutung richtig lagen. Wann immer dies nicht der Fall ist, überdenken Sie den Vorgang noch einmal: Hat es Hinweise in die richtige Richtung gegeben, die Sie übersehen haben?

Üben Sie im Alltag immer wieder, auch mit scheinbar unwesentlichen Dingen. Denn sie sind in Wahrheit nicht unwesentlich, sondern ganz im Gegenteil: Sie helfen uns dabei, unsere hellseherischen Kräfte zu verbessern.

Ich persönlich glaube nicht an die Wunderkinder, denen alles ohne Übung oder Training zufällt. Natürlich gibt es unterschiedlich ausgeprägte Fähigkeiten, aber auch diese müssen trainiert und poliert werden. Mit anderen Worten: einfach üben, üben, üben.

Das missglückte Geschenk

Nicht immer läuft es so, wie man das gern hätte. Das geht auch mir so. Dann muss man nach den Ursachen forschen. Dazu möchte ich Ihnen zwei Erlebnisse erzählen. Das erste handelt von einer Einladung.

Wenn meine Freundin und ich Wein oder Ähnliches kaufen, überprüfen wir das Etikett, fühlen es, vergleichen die einzelnen Sorten, Jahrgänge, Herkunftsländer und Preise. In all den Jahren lagen wir richtig, weil wir unserer feinen Wahrnehmung vertrauten. Nur einmal ging es komplett schief. Hinterher fragten wir uns, wie das geschehen konnte. War unsere Intuition plötzlich weggewischt? Nein. Hatten wir etwas übersehen? Ja.

Wenn etwas jahrelang klappt, wird man oft leichtsinnig. Ein Freund hatte Geburtstag und wünschte sich eine Schnapskollektion, die er dann als Mitternachtseinlage bei seiner Geburtstagsfeier zur Verköstigung offerieren wollte. Wir gingen in eine Schnapshandlung und bestellten Kirsche, Zwetschge, Williamsbirne und Marille, je zwei Flaschen von jeder Sorte. Die

Verkäuferin sollte die Flaschen heraussuchen bzw. zusammen-
stellen, hübsch einpacken und in ein festliches Weidenkörb-
chen legen. Wir würden es dann später abholen. Da unsere
Handys dauernd läuteten, waren wir nicht bei der Sache. Anstatt selbst exzellente Schnäpse auszusuchen, verließen wir uns
blind auf die Verkäuferin, bezahlten und gingen eilig aus dem
Geschäft.

Gegen Abend kamen wir wieder, um den Geschenkkorb ab-
zuholen. Beim Einladen des verpackten Korbes ins Auto hatte
ich ein komisches Gefühl, aber da ich immer noch im Stress
war, wischte ich meine Empfindung einfach weg.

Unser Freund hatte ein wunderbares Buffet aufgetischt. Es
gab Mozzarella mit Tomaten, Käsequiche, Schnitzel, Gemüse-
laibchen, Lachssoufflé und andere hausgemachte, mit viel Liebe zubereitete Leckereien. Dann wurde es Mitternacht. Um
Punkt 24 Uhr öffnete unser Freund den Geschenkkorb – und
raten Sie, was drinnen war?

Nicht der gewünschte Schnaps, sondern Himbeerdicksaft,
Holunderdicksaft und scheußlicher Lebertran. Unser Freund
jedenfalls war maßlos enttäuscht, und wir waren das Gespött
der Feier.

Wie konnte das passieren? Am nächsten Tag fuhren wir zu
dem Geschäft, um die Sache zu klären. Der Verkäuferin war es
peinlich, aber sie war völlig unschuldig, wie sich herausstellte,
denn ein anderer Kunde hatte die Körbe vertauscht und unseren Geschenkkorb in seiner Eile ergriffen.

Als Entschuldigung und Wiedergutmachung für die verpatzte Mitternachtseinlage luden wir die gesamte Geburtstags-

runde eine Woche später zum Grillen mit Schnapsverköstigung ein.

Die Lehre, die ich aus der Sache gezogen habe, war, in großen und kleinen Dingen nie halbherzig zu handeln. Auf sein Gespür zu hören und nicht durch selbstgemachten, letztlich unnötigen Stress Freunde zu enttäuschen. Dieses Erlebnis war eine Lehre für mich.

Der schwarze Tag

Das zweite Erlebnis dreht sich um einen Tag, an dem sich scheinbar die ganze Welt gegen mich verschworen hatte. Alles lief schief, und die Hellsinne verschwanden. Ich wachte zu spät auf, denn in der Nacht hatte es einen Stromausfall gegeben, und der Wecker hatte nicht geklingelt. Ich hetzte zur Haustür, und beim Abschließen brach der Schlüssel im Schloss ab. Auch das noch! Muss ich später regeln, dachte ich. Schnell lief ich zur Straßenbahn. Sie fuhr mir vor der Nase davon. Ich beschloss, zu Fuß zur Arbeit zu gehen. Dann kam die nächste Straßenbahn, ich plante kurzfristig um, stieg ein und suchte mir einen Sitzplatz. Jemand hatte die Tageszeitung in der Straßenbahn liegen gelassen, und ich schlug sie auf. Was für ein interessanter Bericht! Da hörte ich plötzlich eine Stimme: Himmelsgasse! Oh weh, ich war drei Stationen zu weit gefahren. Ich stieg aus und lief den Weg zu Fuß wieder zurück.

Was war heute nur los? Hatte ich alle meine Sinne verloren? Und was würde heute noch alles schieflaufen? Weshalb spürte ich nicht wie sonst alles im Voraus? Warum warnte mich meine innere Stimme nicht, auf die ich mich sonst immer verlassen kann? Ich war wütend, unglücklich und verstand die Welt nicht mehr.

Dann ging es auch noch so weiter: Mein Computer im Büro stürzte ab, dann kamen Beschwerden von Kunden, und schließlich rief noch mein Bruder an und beschimpfte mich. Und ich sollte heute Abend etwas mit einer Nachbarin besprechen, von der ich wusste, dass sie böse über mich tratschte.

Haben Sie auch schon einmal so einen Tag erlebt? In so einem Fall ist es am besten, am Abend innezuhalten und nachzudenken. Was läuft schief in meinem Leben?

Ich darf Sie beruhigen. Ihre Kräfte, die Ihnen angeboren sind und die Sie durch Übungen verstärkt haben, sind in solchen Fällen nicht weg. Alles ist nach wie vor da. Nur Sie sind überlastet und gestresst. Anstatt an sich selbst zu zweifeln, sollten Sie sich einen Tag freinehmen und ausspannen. Wir alle sind keine Maschinen, sondern Menschen.

Aber wie ging es für mich weiter an diesem schwarzen Tag? Ich ging von der Arbeit nach Hause und legte mich völlig frustriert ins Bett. Ja, alle meine Sinne hatten mich heute getäuscht. Da rief meine beste Freundin an und bat mich, mit ihr einkaufen zu gehen. Ihr Anruf kam um 15 Minuten vor 18 Uhr, und sie suchte für eine Veranstaltung am nächsten Morgen ein Kostüm.

Als ich das Haus verließ, sah ich einen weißen, zusammengefalteten Bogen im Briefschlitz stecken. Noch ehe ich ihn geöffnet hatte, durchfuhr mich ein freudiger Lichtstoß. Ich wusste, das war eine Nachricht von der tratschsüchtigen Nachbarin, dass sie das Treffen absagen müsse. Ich hatte den Termin eigentlich gegen meinen Willen vereinbart, aus reiner Vernunft. Jetzt hielt ich den Zettel in Händen und spürte, wie ein Gefühl des Glücks und der Befreiung in mir aufstieg. Ich öffnete das zusammengefaltete Papier und las die Absage. Jetzt ging es mir wieder gut. Ich merke, dass ich wieder fühlen und sehen konnte. Ein positiver Anfang für den weiteren Abend. Ich fragte mich, warum ich mir überhaupt die Konfrontation mit der eigentlich armseligen Person antun wollte. Ja, sie tat mir leid, weil sie, statt ihre Energien für schöne Dinge im Leben aufzuwenden, nur Negatives in ihr Leben holte. Ich beschloss, in Zukunft keinem weiteren Treffen zuzustimmen.

In meiner Gasse waren zwanzig Boutiquen, wir hatten aber nur 15 Minuten Zeit. Meine Freundin kam mir entgegen, und dann ging es los. Vor meinem geistigen Auge sah ich ein königsblaues Kleid mit kurzem Jäckchen. Wir gingen zur ersten Boutique, und da hing das blaue Kleid auf der Stange vor der Einkaufstür. Meine Freundin entdeckte es jubelnd, und es passte wie angegossen. Noch dazu war es um 50 Prozent reduziert! Meine Freundin strahlte mich an.

Um den perfekten Schnellkauf zu feiern, wollten wir noch etwas essen. Wir gingen in eine Pizzeria. Nach ein paar Minuten fühlte ich mich unwohl. Meine Freundin und ich sahen uns an und standen gleichzeitig auf. Ein paar Straßen weiter fanden wir einen gemütlichen kleinen Italiener. Dort spielte wunderbare Musik, und der Holzofen für die Pizza strahlte Gemütlichkeit aus. Wir bestellten unsere Pizza und wurden köstlich bewirtet. Ich fühlte, wie mein Leben wieder spielerisch leicht wurde. Meine Intuition teilte mir wieder mit, was gut war. Ich hatte meine Sensitivität zurück.

Das Resümee von der Geschichte: Hören Sie bei Tiefschlägen nie auf, an sich zu glauben. Gönnen Sie sich einfach eine Pause.

4
ÜBUNGEN FÜR HELLSEHER

Nachdem wir uns bereits ausführlich mit den »praktischen« Sinnen befasst haben, präsentiere ich Ihnen im Folgenden zahlreiche Übungen zum Einschalten der hellsichtigen Kanäle, zum Öffnen der inneren Empfangsantenne und zur Aktivierung des inneren Sehzentrums. Wir gehen also jetzt einen Schritt weiter.

Seien Sie sich bei diesen Übungen immer einer Sache bewusst: Jeder von uns spürt, riecht und fühlt anders. Genauso ist es mit dem Hellsehen. Die Erfahrungen sind hier genauso individuell wie diejenigen mit den fünf alltäglichen Sinnen. Es gibt kein Richtig und kein Falsch, es gibt nur die Feststellung: »Es ist.«

Unsere Sinneserfahrungen sind einzigartig. Sie dürfen auch den Einfluss Ihrer Stimmung nicht unterschätzen. Wichtig ist vor allem, dass sich das, was Sie tun, richtig für Sie anfühlt. Alles, was sich nicht richtig anfühlt, entfernen Sie bitte aus Ihrem Leben.

Selbst wenn Sie nur einige Minuten täglich üben, öffnen sich die Kanäle. Das Gesehene wird klarer und Ihr Wissen größer. Die Übungen sind einfach und für jeden nachvollziehbar. Sie haben ja im Verlauf der Lektüre schon viele Übungen kennengelernt.

Ich habe meine Übungen jeden Tag gemacht. Dazu habe ich immer meine Lieblingskleidung angezogen, meine Übungs-utensilien hatte ich im Sakko bei mir. Neben diesen trage ich auch stets mein Pendel und meine I-Ging-Münzen mit mir. Manchmal habe ich in der Natur geübt, am Meer, am Sand-strand. Oder zwischendurch in einer Teepause am Schreibtisch.

Bauen Sie die Übungen in Ihr Leben ein und entlasten Sie sich für den Zeitraum der Übungsphase von Alltagspflichten. Sie sollten auch ungestört sein. Die Übungen sollten Sie nie-mals stressen, sondern stets stärken.

Ich habe schon angedeutet, dass auch ein Profi gute und schlechte Tage hat. Halten Sie sich das beim Üben bitte immer wieder vor Augen und seien Sie nicht enttäuscht, wenn nicht alles so klappt, wie Sie es am Anfang erwartet und erhofft ha-ben. Weniger gute Ergebnisse sagen absolut nichts über Ihre Talente und Fähigkeiten aus.

Das Wichtigste ist – wie übrigens auch sonst im Leben –, nie aufzugeben. Manches geht schneller, manches langsamer. Lassen Sie sich auch von Rückschlägen nicht entmutigen und üben Sie einfach unermüdlich weiter. Hellsehen ist in dieser Hinsicht wie Skifahren, Eislaufen, Tanzen, Reiten, Fußball-spielen, Tennisspielen, Kochen, Malen, Reden halten, Desig-nen oder Küssen. Übung macht den Meister! Lassen Sie sich bitte von niemandem demotivieren.

Und nun legen Sie los! Ein neues Leben mit hellsichtigen Erfahrungen wartet auf Sie. Und das ist ein spannenderes und schöneres Leben.

Übungen für das Hellsehen

Kartenspielübung

Besorgen Sie sich ein Paket Spielkarten, egal welche, am besten genau die, die Sie anziehen!

- Mischen Sie das Päckchen und suchen Sie sich dann intuitiv zwei Karten aus. Decken Sie sie auf und merken Sie sich die beiden Kartensymbole. Dann drehen Sie die beiden Karten wieder um, schieben sie hin und her, sodass Sie nicht mehr sagen können, wo welche liegt.
- Versuchen Sie nun zu erkennen, welche Karte links und welche rechts liegt.

Die Übung wiederholen Sie täglich, sooft Sie dazu Lust haben. Sie werden sehen, wenn Sie sie spielerisch angehen, wird Ihr Ergebnis immer besser. Sie können dann nach und nach die Anzahl der Karten steigern.

Übung: Memory für Hellsichtige

Vielleicht kennen Sie das Memory-Spiel. Von jedem Bildmotiv gibt es ein Paar. Alle Karten liegen verdeckt, und jeder Spieler darf, wenn er dran ist, zwei Karten aufdecken. Ist es kein Paar, dann legt er die Karten wieder verdeckt hin. Diejenigen, die sich gut merken können, wo zuvor aufgedeckte und wieder verdeckt abgelegte Karten liegen, sind fein raus, weil sie schnell viele Paare sammeln können. Soweit die Spielregel. Zu Übungszwecken sollten Sie anders vorgehen:

✿ Decken Sie eine Karte auf und dann versuchen Sie, ehe Sie eine zweite Karte aufdecken, sehr genau zu erspüren, wo sich die »Partnerkarte« befindet. Bewegen Sie Ihre Hand über die ausgelegten Karten. Kribbelt es, wenn Sie sie über einer bestimmten Karte halten? Oder durchzuckt es sie? Gibt es irgendeine andere Reaktion? Ist die darunter liegende Karte die gesuchte?

✿ Können Sie mit der Zeit herausfinden, welche Reaktionen Ihnen anzeigen, dass Sie die richtige Karte haben?

Übung: Wie geht es einem anderen?

✿ Denken Sie an einen lieben Arbeitskollegen oder eine Kollegin und versuchen Sie zu erspüren, wie es ihm oder ihr geht. Dann nehmen Sie telefonisch Kontakt auf und überprüfen Ihren Eindruck.

Übungen für das Hellhören

Bitte setzen Sie sich bei diesen Übungen nicht unter Druck. Je weniger Sie sich stressen und je mehr Sie das Training Ihrer Fähigkeiten ernsthaft, aber nicht verbissen angehen, desto mehr Erfolg werden Sie haben! Sie werden merken, wie viel Neues Sie mit der Zeit hören.

Stilleübung

Begeben Sie sich an einen Platz, an dem Sie sich wohlfühlen. Nehmen Sie Block und Kugelschreiber, zwei Ohropax und ein Paar Kopfhörer mit. Durch die doppelte Schutzschicht der Ohrstöpsel und der darüber liegenden, dicht schließenden Kopfhörer (oder Ohrenschützer) bleibt jegliches Geräusch außerhalb der Gehörgänge. Das Erlebnis Stille kann beginnen. Schließen Sie die Augen.

- ❀ Was hören Sie? Was hören Sie von außen? Kommt etwas von innen? Manchmal hören wir ein zartes Stimmchen, manchmal eine starke Stimme und manchmal nichts.
- ❀ Wenn Sie Sätze oder Satzfetzen hören, was genau beinhalten sie? Schreiben Sie auf, was Sie wahrnehmen.

∞

Übung: Was schwingt in der Musik mit?

Legen Sie zu Hause Musik auf, die Sie gern mögen.
❁ Klingt die Musik nach? Hören Sie auch noch etwas anderes?

∞

Übung:
Der Klang des fließenden Wassers

❁ Lassen Sie den Wasserhahn laufen: Was hören Sie?
❁ Gehen Sie an einen Fluss: Was hören Sie?

Machen Sie das immer zuerst mit offenen Augen und dann mit geschlossenen.

∞

Übung:
Brauchen wir große Ohren?

❁ Stellen Sie sich vor, Ihre Ohren sind so groß wie die eines afrikanischen Elefanten. Was hören Sie jetzt?
❁ Dann stellen Sie sich vor, Ihre Ohren sind so klein wie die eines Goldhamsters. Was hören Sie?

Sie werden merken: Wenn Sie es einmal können, ist die Größe der Ohren nicht mehr wesentlich, denn Sie lassen Ihre Hörempfindungen einfach zu.

Wichtig!
Bitte beachten Sie, dass Stimmenhören
auch ein Fall für einen Facharzt sein kann.
Lassen Sie es gegebenenfalls abklären.

Übung Fragenbeantwortung

Wenn Sie Fragen haben, die Ihnen niemand beantwortet, richten Sie sie einfach an sich selbst. Und Sie werden Antworten bekommen. Das Einzige, was Sie dazu brauchen, ist ein wenig Geduld. Wenn Sie ganz entspannt sind, kann es zum Beispiel sein, dass Sie plötzlich auf einen Refrain in einem Schlager, eine Überschrift in einer Zeitung oder auf einen Wortfetzen aufmerksam werden, den Sie vom Gespräch eines Fremden vor Ihnen an der Supermarktkasse auffangen. Und genau das ergibt oft die Antwort auf die Frage, die Sie sich schon lange gestellt haben.

Übungen für das Hellriechen

Übung: Düfte ohne Duftquellen wahrnehmen

Für diese Übung sollten Sie sich an einem geruchsneutralen Ort befinden, also beispielsweise nicht durch einen duftenden Blumenstrauß abgelenkt werden. Stellen Sie sich Düfte und Gerüche verschiedenster Herkunft vor, ohne dass deren Quellen in Ihrer Nähe wären. Beispielsweise

- Rosenduft
- den Geruch von verbranntem Holz
- den Geruch des Meeres
- Ihre Lieblingsseife
- und so weiter.

Übung: Was hat Ihnen eine Duftbotschaft mitzuteilen?

Achten Sie künftig immer darauf, wenn Sie plötzlich einen Duft oder einen Geruch wahrnehmen, ohne eine konkrete Quelle ausmachen zu können.

- Was will Ihnen das sagen?

Übungen für das Hellschmecken

Übung: Der Geschmack von Glück

🏵 Glück schmeckt ganz eigen. Wenn Sie einmal wieder einen Glücksmoment empfinden – sei es aufgrund von Verliebtheit, weil Sie eine Prüfung erfolgreich bestanden, eine Medaille im Sport errungen oder Lob vom Chef bekommen haben, weil Sie ein Projekt abgeschlossen haben oder einfach weil Sie einen Tag in den Bergen verbringen können –, dann halten Sie beim nächsten Mal genau in diesem Glücksmoment inne und spüren Sie, was Sie gerade schmecken.

Es ist der Geschmack von Glück! Bewahren Sie sich dieses Gefühl, dann können Sie es immer wieder hervorholen. In weniger glücklichen Momenten kann die Erinnerung an Glücksempfinden der Vergangenheit den gegenwärtigen Schmerz stillen und neue Hoffnung wecken.

Übung: Der Geschmack von Orten

Jeder Ort hat seinen Geschmack. Wenn Sie unterwegs sind, sei es ein Einkaufsbesuch in der Nachbarstadt oder während einer richtigen Reise, spüren Sie den Geschmack dieses Ortes.

❀ Ist er süß, stark, mild, lau, herb oder gar scharf? Bewahren Sie sich den Geschmack des Ortes.

Durch die Intensivierung der Fähigkeit des Hellschmeckens wird es möglich, dass Sie den Geschmack von Orten und Reisen wahrnehmen können, bevor Sie überhaupt da waren, indem Sie Ihre Konzentration auf diesen Ort oder die Reise und das Land bzw. eine Region lenken.

Übungen für das Helltasten

Übung Kleiderschrank

Öffnen Sie mit geschlossenen Augen Ihren Kleiderschrank.

❀ Greifen Sie nach einem Kleidungsstück. Erkennen Sie es mit geschlossenen Augen?

❀ Was spüren Sie?

Übung in der Küche

Öffnen Sie in der Küche mit geschlossenen Augen eine Lade.

- Was fühlen Sie? Metall? Holz? Porzellan?
- Ist es warm oder kalt? Glatt oder griffig?

Übung im Wald

Gehen Sie in einen Wald und heben Sie drei Dinge auf. Das kann ein Wurzelstück sein, ein Blatt, Moos, ein Farn oder ein Stein.

- Ertasten Sie diese Dinge mit geschlossenen Augen.
- Versuchen Sie, diese Eindrücke im Alltag wieder aufleben zu lassen, ohne dass Sie die Dinge tatsächlich in der Hand haben.

Weitere Übungen

Der Alltag bietet uns eine Fülle an Möglichkeiten, unsere Hellsinne zu schulen. Von den folgenden Übungen werden Ihnen manche mehr zusagen, andere weniger. Probieren Sie möglichst viele aus und wiederholen Sie vor allem diejenigen, die Ihnen liegen, immer wieder. Ich habe bewusst leichtere und aufwendigere Übungen gewählt, kurze und längere. Setzen Sie sich bitte mit dem Üben nicht unter Druck.

Blattübung im Wald oder im Park

Gehen Sie mit offenen Augen durch einen Park oder einen Wald. Sie werden jetzt vielleicht denken: Ja, natürlich habe ich die Augen offen, ich will ja nicht über eine Wurzel stolpern oder an einen Baum stoßen. Ich betone: mit *offenen* Augen. Das heißt für mich, dass Sie wirklich ganz genau hinsehen, dass Sie die Bäume und Sträucher sehen und in ihrer Schönheit wahrnehmen. Dann nehmen Sie sich von fünf verschiedenen Bäumen ein Blatt.

Legen Sie die Blätter in einen Korb und tragen Sie sie nach Hause. Sie brauchen noch ein grünes Tuch. Setzen Sie sich an einen ruhigen Platz und betrachten Sie noch einmal jedes einzelne Blatt. Dann decken Sie den Korb mit dem Tuch zu und schütteln ihn ein wenig.

- Lassen Sie vor Ihrem geistigen Auge das Blatt erscheinen, das Sie als Erstes auswählen.
- Greifen Sie dann in den Korb und nehmen Sie, ohne lang zu tasten, eines der Blätter heraus. War es dasjenige, das Sie sich vorgestellt haben?

Diese Übung soll auch dazu dienen, mit wachen Augen durch die Welt zu gehen, auch und gerade dort, wo wir uns sehr gut auskennen und wo sich unsere Wahrnehmung schon automatisiert hat.

Übung Wettervorhersage

Es gibt Menschen, die den Regen lieben, und andere macht er schwermütig. Es gibt Sonnenanbeter und Sonnenmeider. Für die meisten Menschen hat das Wetter eine Bedeutung. Versuchen Sie sich jetzt als Wetterfrosch. Ja, Sie lesen richtig. Auch das hat mit Hellsehen zu tun. Dazu müssen Sie es vermeiden, im Fernsehen, Internet, Radio oder in der Zeitung den Wetterbericht anzusehen.

- Versuchen Sie, am Abend vor dem Einschlafen das Wetter vom nächsten Tag zu sehen. Sehen Sie Regen, Hagel, Gewitter, einen strahlend blauen Himmel oder Wind?
- Schreiben Sie sich das, was Sie sehen, auf und vergleichen Sie es mit dem Wetter am nächsten Tag.

Machen Sie die Übung konsequent einen Monat lang. Sie werden sehen, dass Sie mit Ihrer Vorhersage immer besser werden.

Übung Lift

Wie oft fahren wir im Lift – in einem Kleidungsgeschäft, in einer Buchhandlung, in einem Gebäude mit Tiefgarage, in unserem Wohnhaus ... Versuchen Sie, vor dem Einsteigen in den Lift kurz innezuhalten. Fragen Sie sich:

- Wie oft bleibt der Lift stehen?
- Wie viele Menschen steigen ein?
- Sie können auch genauer werden: Wie viele Männer, Frauen, Kinder?
- Steigen auch Hunde ein?
- Versuchen Sie, vor Ihrem geistigen Auge die Liftfahrt vorherzusehen.

Auch hier gilt: Übung macht den Meister.

Übung Pferderennen

Schauen Sie sich einmal ein Trabrennen auf der Galopprennbahn an.

- Beobachten Sie die einzelnen Tiere und die dazugehörigen Menschen. Lassen Sie die Atmosphäre auf sich wirken.
- Konzentrieren Sie sich auf die Atmung der Tiere, Ihre Bewegung, auf die Harmonie zwischen Mensch und Tier.

❀ Versuchen Sie, vor Ihrem geistigen Auge das Tier herauszufinden, das gewinnen wird.

Übung Tierveranstaltungen

Katzen-Ausstellungen, Hundeshows, Kleintier-Veranstaltun-
gen, Pferdemärkte, Rinderausstellungen – in vielen Städten
gibt es solche Veranstaltungen mit abschließender Prämie-
rung eines Tiers. Wenn Sie etwas dafür übrighaben, können
Sie sie als ideale Trainingsplätze fürs Hellsehen nützen.

❀ Als Erstes sollten Sie ruhig durch die Hallen gehen und
die verschiedenen Tiere betrachten.

❀ Dann gehen Sie ein zweites Mal durch die Hallen und
sehen sich die dazugehörigen Tierhalter an.

❀ Ist Ihnen schon ein Tier aufgefallen, das nach Ihrer Ansicht gewinnen wird? Oder ein Halter, eine Halterin, der
bzw. die ausstrahlt, dass sein/ihr Tier preisgekrönt aus der
Veranstaltung hervorgehen wird?

Lassen Sie sich ruhig Zeit mit Ihrer Einschätzung und sehen
Sie sich, wenn Sie es für sinnvoll empfinden, die Tiere und
ihre Menschen noch ein weiteres Mal an. Bei der Siegereh-
rung können Sie Ihre hellseherischen Fähigkeiten überprüfen.
Was sahen Sie? Sahen Sie Siegeswillen in den Augen der Tiere
oder ihrer Halter? Eine besondere Körperhaltung bei den Sie-
gern? Oder irgendetwas anderes Auffälliges?

Übung Luftballons

Kaufen Sie sich bunte Luftballons. Blasen Sie sie auf und wählen Sie drei verschiedenfarbige aus. Spielen Sie in einem Raum mit ihnen.

❀ Versuchen Sie, mit geschlossenen Augen immer die Farbe desjenigen Luftballons zu sehen, den Sie gerade in der Hand halten.

Übung mit der Stimme

Diese Übung habe ich bei meiner Ausbildung zum Musicalsänger von einem meiner internationalen Gesangslehrer gelernt. Sie unterstützte mich auch in meiner Hellsicht. Führen Sie sie zuerst in einem Raum und dann in der Natur durch, zum Beispiel auf einem Berg oder auf einer Wiese.

❀ Singen Sie die Laute a, e, i, o, u und fühlen Sie die jeweiligen Schwingungen in Ihrem Körper.

❀ Wiederholen Sie das mit geschlossenen Augen: Was sehen Sie bei den einzelnen Lauten vor Ihrem geistigen Auge?

❀ Suchen Sie das Wasser in Form eines Teiches, eines Baches, eines Flusses, eines Wasserfalls, eines Sees oder des Meeres und führen Sie die Übung dort durch.

❀ Suchen Sie das Feuer und machen Sie die Übung in einem Raum mit einer Kerze oder an einem offenen Kamin.

❀ Machen Sie die Übung im Stehen und im Gehen.

❀ Sie können die Wirkung der Übung noch variieren, indem Sie sie auf einem Trampolin, einer Wackelscheibe, einem Laufband, einem Heimfahrrad oder einem Stepper machen.

Würfel- und Münzübung

Hier noch zwei kleine Übungen für überall und jederzeit. Für die erste Übung brauchen Sie einen Würfel, für die zweite eine Münze.

❀ Welche Zahl werden Sie gleich würfeln?

❀ Wenn Sie eine Münze werfen – erscheint dann oben Kopf oder Zahl?

5
MIT VERSTORBENEN KONTAKT
AUFNEHMEN

Jeder hat einen Menschen, der verstorben ist und den er vermisst und niemals vergessen wird. Nichts ist schöner, als mit einem solchen Menschen wieder in Kontakt zu treten. Hier können auch Sie lernen, wie das geht.

Was wir vom Tod für
das Leben lernen können

Anstatt zu sagen, wir haben einen lieben Menschen verloren, sollten wir vielleicht besser sagen: Er oder sie ist vorausgegangen in eine andere, uns unbekannte Welt. So lautete jedenfalls einer der Lieblingssprüche meiner Oma.

Wir Menschen sind wie Schmetterlinge. Von der Raupe zur Puppe zum Schmetterling – ein Leben voller Wandel, dann kommt der Tod. Oft geschieht das so plötzlich, dass wir uns nicht mehr verabschieden können. Was wollten wir den Verstorbenen nicht noch alles fragen, vielleicht wollten wir ihn auch um Verzeihung bitten. Warum haben wir es einander manchmal so schwer gemacht?

Halten Sie genau jetzt beim Lesen inne. So leicht hätten Sie mit dem Toten zu dessen Lebzeiten alles klären können, sich entschuldigen, ihm danken können oder was auch immer. Überlegen Sie doch einmal: Was wäre, wenn morgen eine Katastrophe geschehen würde und Sie könnten bestimmte für Sie wichtige Menschen nicht mehr lebendig wiedersehen?

- ❀ Was würden Sie ihnen heute noch sagen?
- ❀ Was würden Sie ihnen schenken?
- ❀ Was würden Sie sie fragen?
- ❀ Worum würden Sie sie bitten?
- ❀ Welche Kränkungen möchten Sie zu Lebzeiten heilen?
- ❀ Wollen Sie sich für gemeine Kritik entschuldigen?
- ❀ War ein Kontaktabbruch mit einem bestimmten Menschen wegen eines Streits wirklich nötig?
- ❀ Wollen Sie bestimmte Menschen noch einmal zu einer Aussprache treffen?

Bitte seien Sie jetzt nicht ungehalten angesichts dieser Fragen. Aber die, die jetzt leben, können Sie heute noch sprechen. Nutzen Sie die Chance für Sie beide. Vermeiden Sie so das ganze Jammern über versäumte Gelegenheiten: »Ach, hätte ich nur …«, »Warum habe ich mich nicht versöhnt, warum habe ich nicht danke gesagt, warum nur?« Nützen Sie jetzt und heute die Zeit, die Sie noch haben. Das Buch kann warten. Legen

Sie es auf die Seite und schreiben Sie zum Beispiel einen Brief, greifen Sie zum Telefonhörer, kaufen Sie Blumen oder eine edle Schokolade als Geschenk, oder vereinbaren Sie, gemeinsam einen Spaziergang zu unternehmen. Das ist eine der wichtigsten Lehren, die wir aus dem Wunsch, mit Verstorbenen in Kontakt zu treten, ziehen können.

Möglichkeiten der Kommunikation mit Verstorbenen

Was aber ist mit denjenigen, die bereits verstorben sind? Es gibt die verschiedensten Gründe, weshalb wir mit ihnen reden wollen. Aus Neugierde oder aus Angst wollen wir wissen: Was kommt nachher? Wie geht es ihnen? Wo sind die Toten hin? Verschwindet wirklich nur der Körper und die Seele bleibt?

Der Friedhof ist meiner Erfahrung nach ein guter Platz, um mit einem Verstorbenen zu reden. Die Stille, die schönen Bäume und Blumen, die Kerzen – all das bringt uns in die richtige Stimmung. Wir können im stillen Gebet oder laut mit dem oder der Verstorbenen sprechen.

Ein anderer Platz, um gut kommunizieren zu können, ist auch der Lieblingsplatz des Verstorbenen zu Lebzeiten. Mit meiner Großmutter Mag. Dr. Edith Schöppl komme ich immer gut in ihrem bevorzugten Kurort in Kontakt. Immer wenn ich dort hinfahre, spüre ich ihre Nähe. Ich habe so viel von ihr gelernt und vermisse sie immer noch sehr.

Ich glaube, Verstorbene kommunizieren auf verschiedene Art und Weise mit uns. Zum Beispiel über Warnträume oder indirekt über andere Menschen. So kann es sein, dass Sie jemanden treffen, der längst vergessene Weisheiten des Verstorbenen zum Besten gibt. Verstorbene können auch in Gestalt von Doppelgängern auftreten. So sah mein Großvater genau aus wie der polnische Papst Johannes Paul II.

Oder ein Verstorbener macht sich auf folgende Weise bemerkbar: Eine Tante von mir hat immer gescherzt, sie würde als Eichhörnchen wiedergeboren. Als sie starb, hatte sie verfügt, dass ich ihre Grabrede halte. Sie war bereits eingeäschert in einer Urne im Krematorium. Das Krematorium war ganz aus Glas mitten in einem Waldfriedhof. Ich sprach gerade davon, wie hübsch, fleißig, intelligent und humorvoll Tante Hertha war, da huschte ein Eichhörnchen von einer großen Fichte zum Krematorium und blieb am Fenster stehen. In diesem Moment wurde ich von einem Gefühl der Freude überwältigt, das ich kaum beschreiben kann.

Eine gute Kontaktmöglichkeit ist es auch, ein Kleidungsstück oder ein anderes Andenken des oder der Verstorbenen zu nutzen: ein Bild oder ein Geschenk. Ich habe zum Beispiel einen Omabären. Mein Omabär ist jetzt über zwanzig Jahre alt, aber er ist und bleibt ein Stück von Oma. Er duftet nach Maiglöckchen und frischem Lavendel wie meine Oma. Auch wenn ich ihre Lieblingsmusik, Mozarts Zauberflöte, höre, bin ich mit meiner Oma verbunden. Ich brauche nur die CD aufzulegen, mir ihr Lieblingsgetränk einzuschenken – einen leckeren Tee –, und schon kann ich mit ihr sprechen. Ihre Antworten kommen in Form von Eingebungen und guten Menschen in mein Leben.

Es kann Ihnen auch passieren, dass Sie direkt die Worte von Verstorbenen vernehmen. Hören Sie genau hin, von wo die Stimme kommt. Von oben, von unten, aus einem Gebäude, von rechts, von links? Schauen Sie immer genau in die Richtung und achten Sie darauf, was Ihnen auffällt. Oft sollen Sie mit der Stimme des Verstorbenen auf etwas aufmerksam gemacht werden. Gleichzeitig mit der Stimme kann sich auch eine scheinbare physische Anwesenheit des Verstorbenen bemerkbar machen.

Sollten sich diese Ereignisse in kürzerer Zeit mehrfach wiederholen, dann bleiben Sie äußerst wachsam. Das sind besondere Zeichen, denen Sie unbedingt Beachtung schenken sollten. Sollen Sie vor etwas gewarnt oder zumindest gebremst werden? Und wenn ja, wovor? Oder will Sie der oder die Verstorbene in bestimmten Dingen bestärken oder ermutigen? Wenn ja, worin?

Manchmal kommen Sie in Kontakt. Manchmal nicht. Glauben Sie nicht, dass Sie unfähig sind, wenn es Ihnen nicht gelingt. Ich habe mit hunderten Fachleuten gesprochen, und alle seriösen Experten bestätigen, dass auch Verstorbene einen eigenen Willen haben und nicht immer mit uns in Verbindung treten wollen.

Oft ist der Erfolg unserer Bemühungen, dass der Verstorbene in der Nacht erscheint und sich an unser Bett setzt. Wir wachen auf und spüren dann eine große Wärme und Nähe. Ein Glücksgefühl durchströmt unseren Körper.

Wenn Sie ratlos sind und nicht wissen, was Ihnen mitgeteilt werden soll, gibt es einen einfachen Trick. Suchen Sie ein Foto des Verstorbenen oder einen Brief von ihm. Streichen Sie über den Brief und das Foto. Sie können es auch küssen. Wenn der Verstorbene Kerzen liebte, können Sie auch eine Kerze am Tisch anzünden, um mit ihm in Verbindung zu treten. Manchmal hilft ein kleines Geschenk: seine Lieblingsblume oder was immer er gern mochte. Oder Sie schreiben ihm einen Brief. Sie werden in irgendeiner Weise eine Antwort erhalten.

Rituale für Verstorbene

Ein schönes Ritual, um mit Verstorbenen in Kontakt zu kommen, ist ein Brauch meines Onkels. Er wohnt in einer prachtvollen Villa mit großem Park. Regelmäßig veranstaltet er ein Geburtstagsfest für seine verstorbene Frau. Seine neue Frau hilft ihm dabei. So ehren sie die Verstorbene. Er deckt den Tisch mit Ihrer Lieblingstischdecke, drei Gedecken und schönem Porzellan. Dann stellt er ihre Lieblingsblumen auf den Tisch und kocht ihr Lieblingsessen. Und er kauft Geschenke für sie: ein neues Buch, eine schöne Tasche, ein elegantes Kleid, ein Schmuckstück. Dann setzten sich die beiden an den Tisch, legen ein Bild seiner ersten Frau auf den Platz und beginnen zu essen. Nach der Hauptspeise hält er dann eine Rede auf die liebe Verstorbene und fragt: Gefällt dir der Tisch? Gefallen dir die Geschenke? Wie geht es dir? Regelmäßig beginnen dann die Geburtstagskerzen auf ihrer Lieblingstorte, die immer während der Rede angezündet werden, zu flackern. Und regelmäßig geht die Lebenskerze beim Schlusswort – »Wir lieben und wir ehren dich« – plötzlich aus.

Als kleiner Junge durfte ich einmal dabei sein. Von Anfang an spürte ich die starke Energie, die meinen Onkel und meine Tante verbindet, sogar bis über den Tod hinaus. Ich habe meinen Onkel gefragt, was er dann mit den Geschenken mache. Er sagte, er verschenke diese zu Weihnachten an einen Charity-Flohmarkt. Damit tritt er ein zweites Mal mit der Verstorbenen, die immer sehr großzügig war, in Kontakt.

Eine weitere berührende Nacht war, als meine Großmutter starb, die so lange der wichtigste Mensch in meinem Leben war. Sie starb in einem Krankenhaus nach einer Operation. In der Nacht ihres Todes wurde ich vom Arzt ins Zimmer geholt und setzte mich an ihr Bett. Der Arzt sagte: »Ihre Großmutter ist gestorben.« Ich hielt ihre Hand und blieb bei ihr sitzen. Erst als der Morgen graute, hörte ich eine Amsel zwitschern. Die Amsel flog am Krankenzimmerfenster vorbei. Es war der Lieblingsvogel meiner Großmutter. Ich wusste, sie sandte mir ein Zeichen, dass sie sich von ihrem schmerzgebeutelten Körper verabschiedet hatte und jetzt frei war. Meine Großmutter hat alles für ihre Familie getan, aber Sie war immer ein Freigeist. Sie hatte von ihrem Tod geträumt, denn Sie hatte sensitive Kräfte. Vier Tage vor ihrem Tod sagte sie: »Ich habe heute Nacht geträumt, meine Krücken sind in den Himmel geflogen. Ich bin frei von Schmerzen.«

Treffen Sie Vereinbarungen

Ich habe eine schöne Aufgabe für Sie, an die Sie sich mit einem lieben Menschen, dem Sie vertrauen, machen können. Vereinbaren Sie miteinander, wie sich derjenige von Ihnen, der dereinst als Erster stirbt, beim anderen bemerkbar macht – beispielsweise durch ein Zeichen, oder man erscheint als Tier und klopft an die Türe. Man versteckt einen Gegenstand und hilft, ihn dann wieder zu finden. Schreiben Sie sich solche Vereinbarungen auf (bitte mit Datum), schließlich kann es Jahrzehnte dauern, bis der Fall eintritt. Und seien Sie sicher: Diese Vereinbarungen funktionieren. Schon viele Menschen haben das nach dem Tod eines Angehörigen wirklich erlebt.

Stimmen Sie sich immer am Todestag eines jeden Verstorbenen auf diesen ein und fragen Sie ihn, wie es ihm geht. Aber feiern Sie auch das Leben. Ihnen ist wieder ein Jahr auf Erden geschenkt worden! Überlegen Sie, wie das vergangene Jahr war. Haben Sie sich Ihre Wünsche erfüllt? Könnten Sie im nächsten Jahr etwas verbessern?

Nehmen Sie sich dann die Vereinbarung noch einmal vor. Ist sie noch stimmig? Vielleicht haben Sie und der Verstorbene mittlerweile andere Wege der Kommunikation gefunden. Notieren Sie, was Ihnen auffällt und worauf Sie künftig im Zusammenhang mit dem Verstorbenen verstärkt achten wollen.

Natürlich können und sollen Sie auch das Gedenken an Verstorbene aufrechterhalten, mit denen Sie keine solche Vereinbarungen getroffen haben. Erzählen Sie sich selbst jetzt noch von einem besonders lieben anderen Verstorbenen. Beschreiben Sie, warum er so wundervoll war. Was war das Besondere an ihm? Wie können Sie mit ihm oder ihr kommunizieren?

Marilyn Monroe und John F. Kennedy

Eine liebe amerikanische Bekannte hat mich einmal sehr beeindruckt. Sie konnte nicht nur für andere sehen, sie sah auch andere, so zum Beispiel meine viel zu früh verstorbene Lieblingsschauspielerin. Ich erzähle Ihnen nun, was ich mit ihr Beeindruckendes erlebte:

Gemütlich schlenderte ich mit meiner Bekannten, die mich in die USA eingeladen hatte, durch einen wunderschön gepflegten Park, der ganz in der Nähe ihres Hauses lag. Sie liebte diesen Park, da er voller Rhododendron-Büsche war, deren Geruch sie sehr gern hatte. Plötzlich hielt sie in ihrem Schritt inne und schaute auf eine hölzerne Parkbank, die unter einer imposanten Trauerweide stand. Sie hob ihre knöcherne Hand und hielt sie mahnend vor ihren Mund. »Still, still!«, sagte sie ruhig. »Dort sitzen Marilyn Monroe und John F. Kennedy. Ich sehe sie und rede mit ihnen. Hast du irgendeine Frage, die du ihnen stellen möchtest, dann sage sie mir, und ich werde sie weiterleiten.« Als ich erstaunt auf die Bank blickte, sah ich jedoch niemanden dort sitzen. Wollte die Amerikanerin mich auf den Arm nehmen? Sie war wohl in den vielen Jahren ein wenig exzentrisch geworden, dachte ich bei mir. Ehe ich mein Empfinden ihr gegenüber zum Ausdruck bringen konnte, sagte sie mit voller Überzeugung: »Ja, wirklich, ich kann mit Toten reden, und ich unterhalte mich oft mit ihnen.«

Damit der Spuk ein Ende hat

Zum Abschluss dieses Kapitels will ich Ihnen noch eine Geschichte, die mir mein Onkel erzählt hat, weitergeben. Er wohnte in einem kleinen Haus in der ehemaligen DDR. In diesem Haus war vor dreißig Jahren eine alte Frau gestorben. Immer an ihrem Todestag ging das Licht an. In einer Nacht war es wieder so weit: Das Licht ging wieder an. Mein Onkel hatte das Haus von einem Makler gekauft und wusste nichts von der Verstorbenen. Er holte den Elektriker, und der überprüfte alles, fand aber nichts. Der Stromkreis war in Ordnung.

Also fing mein Onkel an, über die Geschichte des Hauses zu forschen. Er fand heraus, dass die alte Dame, die im Haus an Altersschwäche gestorben war, ein Nähgeschäft gehabt hatte. Eine alte Nachbarin erzählte, dass sie sehr traurig war, als sie ihre erste, vom selbst ersparten Geld gekaufte Nähmaschine verkaufen musste. Also hatte mein Onkel eine Idee. Er suchte nach einer alten Nähmaschine und fand eine auf dem Flohmarkt. Er lud das gute Stück in sein Auto und stellte es im Haus auf. Der Todestag nahte, und der Spuk fing wieder von vorn an. Da wurde es meinem Onkel zu bunt. Er nahm die Nähmaschine und sagte laut schimpfend: »Wenn der Spuk nicht aufhört, dann werfe ich sie zum Fenster raus.« Da ging das Licht aus und nicht wieder an. Mein Onkel legte sich wütend ins Bett. Am nächsten Tag holte er erneut den Elektriker, und der fand wieder nichts. Von dem Tag an gab es nie wieder Lichtspiele. Offenbar hatte die Seele der alten Dame ihre Ruhe gefunden.

6
Deutung von Gesehenem

Im Folgenden habe ich Ihnen Beispiele für das, was ich hellsichtig gesehen habe, aufgeschrieben sowie die Deutungen dazu, die sich für mich immer wieder als richtig erwiesen haben. Sie sollten sich aber langfristig ein eigenes Bedeutungswörterbuch anlegen. Schreiben Sie sich genau auf, was Sie sehen und was dann passiert. Sie sollten wissen, dass manche Ereignisse zeitversetzt eintreten. Das können Minuten, Tage oder Monate sein.

Lexikon von A–Z

Bei Ihren Eingebungen werden Sie Bilder vor Augen haben und/oder bestimmte Worte hören. Diese Liste mit Stichworten soll Ihnen bei der Deutung helfen. Sie sind in der Du-Form formuliert, denn selbstverständlich wird Ihre innere Stimme mit Ihnen diesen vertrauten Umgang pflegen ...

A

Ameise: Du wirst mit Energie belohnt.

Austernbänke: Du wirst bald eine Reise machen.

Auto: Du wirst in Bewegung versetzt.

B

Bank (zum Sitzen): Es gibt keine Veränderung.

Bank oder Sparkasse: Kümmere dich um deine Finanzen.

Berge: Du hast jetzt große Chancen.

Biene: Du wirst durch Fleiß rasch nach vorn kommen.

Blumen: Du erhältst ein Geschenk.

Blumenwiese im Wind: Begib dich zu einer Veranstaltung, da wirst du eine besondere Begegnung haben.

Buddha: Du wirst von asiatischen Weisheiten profitieren.

C

Chamäleon: Wechsle die Rollen in deinem Leben vom Anführer zum Geführten bzw. umgekehrt.

D

Designerladen: Du wirst Vermögen erlangen.

Diamanten: Dir wird eine große Freude zuteil werden.

Döner: Du wirst jemanden aus der Ferne kennenlernen.

E

Elefanten: Geh in den Tierpark, auf einen Bauernhof oder in ein Tierheim. Beobachte die Tiere und lerne aus ihrem Verhalten.

Elfen: bringen eine Liebesbotschaft für dich.

F

Feuer: Ein Energieschub kommt auf dich zu.

Feuerräder: Ein leidenschaftliches Erlebnis wartet auf dich.

Fliegen: Endlich wirst du dich befreien.

Flugzeug: Zeit, dein Tempo zu verändern.

Fluss: Wirf alle Sorgen in den Fluss, lasse sie sofort weg-schwimmen.

G

Gipfel: Du kommst ganz nach oben.

Giraffe: Strecke dich und beginne etwas Neues.

Goldnuggets: Gib einem Armen etwas, dann wird dein Vermögen wachsen.

H

Hagelkörner: Schütze dich vor Übergriffen.

Hängematte: Lasse dich fallen, du musst nicht immer so genau sein.

Helikopter: Hebe nicht ab.

Herabfallen: Jetzt wird sich vieles verändern.

Herz: Du wirst jetzt lieben.

Hochhaus: Du brauchst dich nicht zu fürchten.

I

Imbiss: Du wirst durch Sparsamkeit zu einem Vermögen kommen.

Indianer: Versuche in den Mokassins deiner Mitmenschen zu wandern, damit du sie besser verstehst.

J

Jesustatue: Suche einen heiligen Ort auf und sei dankbar für alles, was du hast.

K

Kleeblattwiese: Niemand kann dich jetzt stoppen.

Kleidungsstück: Du bist für Menschen ein Regenbogen.

Kinder: Du wirst dich besser fühlen.

Kirche: Du wirst an alte Dinge erinnert.

Küste: Aufbruch zu neuen Ufern.

L

Laser: Hole dir neue Dinge in dein Leben.

Lichtblitze: Energiewolken laden dich auf. Jetzt gelingt dir alles.

Luftballon: Du wirst dich trennen.

M

Meer: Blick in die Ferne.

Militär: Du sollst aufpassen.

Mohnblumen: Dir werden bald die Augen geöffnet.

Mondsichel: Nimm dir mehr Zeit für dich.

N

Nomaden, die durch die Wüste ziehen: Gönne dir sofort eine Auszeit und lasse dich treiben.

Nonnen: Eine Zeit der Ruhe kommt auf dich zu.

O

Oblaten: Kaufe dir deine Lieblingsspeise und lasse sie dir auf der Zunge zergehen.

Obstschale: Jetzt wirst du Erfolge ernten.

Ofen: Du hast heißblütige Gefühle.

P

Palme: Du wirst eine Urlaubsreise machen.

Pfauenräder: Schaue hinter das Äußere deines Gegenübers.

Pferde: Du sollst nicht durchs Leben eilen, nimm dir mehr Zeit.

Polizei: Achte in der nächsten Zeit auf Behördenbriefe.

Q

Quallen: Betrachte alle Dinge aus einer anderen Perspektive.

R

Regen: Dein Morgen bringt Veränderung.

Regenbogen: Du bist nah am Schatz.

Restaurant: Du wirst dir etwas gönnen.

Riesenrad: Bald kommt eine Veränderung auf dich zu.

Ringe: Hab keine Angst, eine Bindung ist wichtig.

S

Schlange: Es kommt eine aktive Zeit auf dich zu, was das Zwischenmenschliche betrifft.

Schlossgebäude/Villa: Denke jetzt groß.

Schlüssel: Du musst andere Menschen an dich heranlassen.

Schmuck: Du wirst ein Geschenk erhalten.

Schnitzel: Du reist nach Wien.

Skiläufer: Zeit, deinen Winterurlaub zu planen. Es soll in eine Schneeregion gehen.

Smaragd in einer Druse: Es wartet ein Schatz auf dich, du musst ihn nur erkennen.

Snowboarder: Mit richtigem Schwung voranschreiten. Erfolg kommt.

Sport: Jetzt hat dein Körper Kraft.

Strand: Genieße den Moment.

T

Tausendfüßler: Suche einen neuen Ort auf und entdecke etwas Neues.

Tiger: Du hast jetzt Kraft, deine Ziele zu erreichen.

Tränen: Du wirst demnächst etwas Trauriges überwinden.

U

Uhr: Frage dich, wie viel Zeit in deinem Leben wirklich dir gehört.

V

Veilchen und Maiglöckchen: Schenke dir und einem lieben Menschen Blumen.

W

Wald: Die Kraft, große Pläne umzusetzen, ist jetzt aktiviert.

Walderdbeeren: Gehe auf den Markt und gönne dir die Früchte der Natur.

Whirlpool: Du hast sprudelnde Ideen.
Wildtiere: Du hast die Kraft, in naher Zukunft etwas zu
verändern.

X

Xanthippe: Meide Menschen, die böse sind. Umgib dich nur
mit positiven Gestalten.

Y

Yacht: Du wirst auf einem neuen Weg Erfolg haben.

Z

Zebraherde: Das Leben besteht nicht nur aus Tag und Nacht,
Gut und Böse. Achte auf die Zwischentöne.
Zeitungskiosk: Du musst Informationen, die du bekommst,
zu deinem Nutzen anwenden.

7
HELLSEHEN FÜR ANDERE UND HELLSEHEN ALS BERUF

Ehe Sie Überlegungen anstellen, ob Sie das Hellsehen zum Beruf machen, sollten Sie über ausreichend Erfahrung verfügen, auch im Zusammenhang mit anderen Menschen.

Für andere sehen

Es ist etwas ganz Besonderes, für andere Menschen zu sehen. Man erhellt deren Sein und Zukunftsweg. Informationen über Dritte müssen jedoch wohldosiert dargebracht werden: Sie dürfen informieren, warnen und Licht in eine Angelegenheit bringen, niemals jedoch erschrecken. Bedenken Sie immer, dass der Weg noch angepasst werden kann.

Bitte überprüfen Sie als Erstes, was Sie am anderen wahrnehmen. Was sehen Sie über den ersten Eindruck und die Kör-

persprache hinaus? Nur wenige erkennen, ob die Körpersprache wirklich der inneren Haltung eines Menschen entspricht.
Mimik, Gesten, Dynamik der Bewegung und Körperhaltung
ergeben ein Ganzes. Körpersprache lässt das Unsichtbare und
das Ungesagte, seien es Gedanken, Motive und Haltungen,
sichtbar werden.

Fragen Sie sich vor jeder Beratung auch:

- Warum sollte ich für diesen Menschen sehen?
- Möchte ich mit ihm oder ihr überhaupt meine Zeit ver-
  bringen?
- Will und kann ich die Verantwortung dafür übernehmen?
- Wie geht er oder sie mit dem von mir Gesehenen um?
- Kann ich ihm nicht beibringen, selbst zu sehen?
- Helfe ich diesem Menschen, wenn ich ihm seinen Weg er-
  leichtere?
- Oder behindere ich ihn in seiner Entwicklung?
- Stärke ich mit meiner Antwort auf seine Frage sein Selbst-
  bewusstsein, oder sollte ich darauf vertrauen, dass seine ei-
  gene Stärke und Kraft ausreichen?

Ich werde immer gefragt, ob ich auch schon Beratungen abge-
lehnt habe. Ja natürlich, ist meine Antwort, wenn aus einem
der genannten Gründe nichts dafür spricht, für die betreffende
Person zu sehen.

Außerdem gebe ich keine Auskünfte zu Rechts- oder Ge-
sundheitsangelegenheiten, denn da müssen Rechtsanwälte
oder Ärzte bzw. Heilpraktiker ran. Des Weiteren mache ich
keine Spaßsessions für Spieler, indem ich mal eben nach den

Lottozahlen frage, und ich fungiere auch nicht als Partyüberraschung oder Entertainer.

Ich bin ein sehr humorvoller Mensch, trenne aber genau zwischen Arbeit und Freizeit. Für mich ist es ein Gottesgeschenk, dass ich die Gabe des Sehens besitze, und ich hüte und schütze sie wie einen Schatz. Diesen Schatz teile ich nur mit Menschen, die ihn zu schätzen wissen.

Übung: Soll ich für eine bestimmte Person hellsehen?

Diese Übung kann jeder machen, in jeder Lebenssituation. Je mehr Sie trainieren, desto schneller kommt die Antwort. Fragen Sie sich also, ob Sie für eine bestimmte Person hellsehen sollen.

- ❁ Beobachten Sie Ihr Bauchgefühl. Ist da ein Magenziehen, Kribbeln, Unwohlsein, Unruhe, Nervosität oder ein Gefühl, als läge ein Stein im Magen?
- ❁ Sprechen Sie mit Ihrem Gefühl: Was will es Ihnen sagen? Sollen Sie etwas für diesen Menschen tun, und bringt es ihn weiter?

Bei der richtigen Antwort werden Sie still und ganz bestimmt. Je detaillierter Sie Fragen stellen, desto mehr werden Sie merken, wie Sie sich entspannen, wie sich alles leicht anfühlt. Der Knopf im Bauch löst sich auf – das bedeutet, man hat die richtige Antwort empfangen.

Von der Berufung zum Beruf

Der Beruf des Hellsehers ist ebenso respektabel wie gefragt. Aber Sie müssen dazu einige grundlegende Fragen klären. Dabei möchte ich Ihnen als erfolgreicher TV- und Live-Hellseher helfen.

Ob Sie vom Hellsehen leben können, hängt von Ihren Fähigkeiten und natürlich nicht zuletzt davon ab, wie Sie das Ganze aufziehen. Am wichtigsten aber ist es, dass Sie das, was Sie machen, mit Freude und Hingabe ausführen – denn nur dann werden Sie Erfolg haben und auch finanziell gut abgesichert sein. Besprechen Sie alle formellen Fragen zu Ihrer Tätigkeit am besten mit Ihrem Steuerberater.

Ganz wichtig ist es, dass Sie klare Grenzen ziehen und nicht in das Gebiet eines anderen Metiers gelangen. Zum Beispiel sind Rechtsberatungen Rechtsanwälten vorbehalten und Gesundheitsberatungen Ärzten oder Heilpraktikern! Das heißt nicht, dass Sie nicht mit anderen kooperieren sollen. Im Gegenteil: Suchen Sie die Zusammenarbeit mit Mediatoren und Psychologen, Lebensberatern und Psychotherapeuten sowie mit Ärzten und Heilpraktikern.

Der passende Ort

Ob Sie sich eine eigene Praxis leisten wollen, sich einen Raum in einer Gemeinschaftspraxis mieten oder aber ein schönes Zimmer in der eigenen Wohnung wählen – einige Voraussetzungen sollten erfüllt sein, um Ihre Tätigkeit ungestört ausführen zu können: Ist die Lage gut? Gibt es also eine verkehrsgünstige Anbindung? Sind Parkplätze vorhanden?

Der Raum oder die Wohnung sollte gut lärmisoliert sein, denn andernfalls würden Sie in Ihrer Konzentration gestört. Dann ist es natürlich sehr wichtig, dass Sie sich dort wohlfühlen und die Einrichtung Ihren Urwünschen entspricht. Bedenken Sie dabei: Ihre Einrichtung weist auf Ihr Inneres hin. Manche bevorzugen es, sich in einem Raum mit wenig ablenkendem Schnickschnack aufzuhalten, andere wiederum lieben Dekoration, Kerzen, schwere Teppiche und Räucherstäbchen. Die Atmosphäre sollte in jedem Fall dazu beitragen, dass Sie sich genauso wie der Klient oder die Klientin entspannen können, sodass Sie mehr von deren Botschaften aufnehmen.

Passen Sie sich keineswegs in Ihrer Einrichtung an irgendwelche Vorstellungen an, wie ein Seher-Ort aussehen sollte, denn das hat dann nichts mehr mit Ihrem ganz persönlichen Wohlfühlort zu tun. Das ist wie bei einem Wildpferd, dem man einen Sattel und Zügel überwirft – es wird gebändigt, muss wie alle anderen Pferde im Kreis laufen, aber seine Wildheit und damit seine natürlichen Instinkte verliert es dabei zumindest teilweise.

Wie werden Sie bekannt?

Es gibt unzählige Möglichkeiten, wie Sie auf sich und Ihre Leistungen aufmerksam machen können. Doch ehe Sie auf breiterer Ebene für sich werben, sollten Sie erst einige Jahre lang praktiziert und Erfahrungen gesammelt haben.

Die meiner Ansicht nach beste Werbung ist ohnehin Mundpropaganda. Nichts bewirbt ein Business oder Produkt besser als positive Bewertungen von zufriedenen Klienten. Denken Sie einmal darüber nach: Wie oft sind Sie schon dem Rat und der Empfehlung einer Bekannten oder eines Bekannten nachgegangen und haben genau diesen tollen Friseur oder Arzt oder jenes hervorragende Restaurant besucht?

Ihr Kunde ist immer König! Nehmen Sie sich viel Zeit für Ihre Klienten, lassen Sie sich durch nichts ablenken und bemühen Sie sich, vollends auf deren Anliegen einzugehen. Ich persönlich folge immer diesem Motto und gebe alles für meine Klienten: Diese Einstellung hat mir im Laufe der Zeit eine große Anzahl zufriedener und glücklicher Klienten beschert. Eine konstante Qualität in der Beratung ist das Erfolgsrezept für zufriedene und wiederkehrende sowie für neue Kunden.

Was auch immer Sie sich für die Zukunft vorstellen – Sie müssen sich die Erfüllung Ihrer Wünsche und Pläne nur oft und bestimmt vorstellen, dann wird alles in Erfüllung gehen, weil Ihre Sinne Sie dorthin führen.

8
DIE WICHTIGSTEN FRAGEN

Die häufigsten Fragen, die mir im Laufe meiner Hellsehertätigkeit gestellt wurden, habe ich für Sie in diesem Kapitel zusammengetragen. Und meine Antworten habe ich auch dazugeschrieben.

Begriffe rund um das Thema Hellsehen

Was ist Aberglaube?
Aberglaube bezieht sich im Allgemeinen auf einen bestimmten religiösen Glauben und beschreibt das, was diesem System nicht angehört. Meist spricht man abwertend vom Aberglauben. Konkret werden damit magische Praktiken wie das Tragen von Talismanen bis hin zu allem, was mit Hexerei und Zauberei zu tun hat, beschrieben.

Was ist ein Déjà-vu?

Eine Situation, bei der Sie das Gefühl haben, Sie kennen sie und haben sie schon einmal erlebt. Déjà-vu ist französisch und heißt ganz einfach: schon gesehen.

Was ist Empathie?

Empathie bedeutet die Fähigkeit, sich in Gefühle, Handlungen und das Leiden eines Menschen hineinzuversetzen. Professionell angewendet wird sie beispielsweise bei Kriminalfällen und in der Psychologie.

Was sind Grenzwissenschaften?

Hierbei werden wissenschaftliche Methoden zur Erforschung von Phänomenen angewandt, die über das Gebiet der klassischen Wissenschaften hinausgehen, etwa Ufo-Forschung.

Was sind Halluzinationen?

Von Halluzinationen spricht man, wenn man eine Selbsttäuschung beim Sehen, Hören, Riechen, Schmecken oder Fühlen erfährt. Ursache sind organische, psychische oder geistige Erkrankungen. Sie gehören immer von einem Experten abgeklärt.

Davon unterscheiden sich paranormale Phänomene, die aufgrund von Sensitivität und Medialität allen Menschen in verschiedenen Stufen möglich sind und wie sie in diesem Buch beschrieben werden. Es handelt sich dabei um Hellsehen, Hellriechen, Hellhören, Hellschmecken und Helltasten.

Was ist Inspiration?

Inspiration ist eine Eingebung von Gott oder einer höheren Macht. So meint man, dass Künstler von einer höheren Macht angespornt werden, etwas Schönes zu kreieren.

Was ist Instinkt?

Oft wird der Begriff Tieren zugesprochen, wenn sie zum Beispiel eine Gefahr spüren. Aber Menschen verfügen genauso über einen Instinkt und können eine aufkommende Gefahr spüren, ohne weiter darüber nachgedacht zu haben. Es kommt einfach spontan. Über die Gefahren hinaus bezeichnet Instinkt einen Ur-Antrieb.

Was ist Intuition?

Dieses Wort bezeichnet ein Erfassen von Dingen, ohne dass der Verstand daran beteiligt wäre. Es kommt einem einfach in den Sinn und man weiß, es ist das Richtige. Das kann eine plötzliche Lösung eines Problems sein, über das man längere Zeit nachgedacht hat, ohne eine Antwort zu finden. Das Unterbewusstsein arbeitet jedoch weiter, und plötzlich steht einem die Lösung klar vor Augen. Oft geschieht dies über Nacht, da der Mensch im Schlaf sowohl bewusste als auch unterbewusste Geschehnisse, Begegnungen und Gedanken verarbeitet und so ein Gesamtbild konstruiert, das schließlich zur Erkenntnis führt.

Was sind mediale Fähigkeiten?

Dies sind besonders ausgeprägte Sinneswahrnehmungen.

Was ist Mystik?
Es ist Versenkung, Aufgehen in etwas Göttlichem. Wörtlich bedeutet das lateinische Wort »mysticus«: geheimnisvoll.

Was bedeutet New Age?
Eine Bewegung, die zur Zeit der Hippies, in den 60er-Jahren des 20. Jahrhunderts, aufkam. Man fasste damit ganz unspezifisch alle möglichen spirituellen und esoterischen Themen zusammen. »New Age« kündete von einem neuen Zeitalter – nichts anderes besagt dieser englische Begriff. Heute wird er im allgemeinen Sprachgebrauch kaum noch verwendet.

Was ist ein Prophet?
Jemand, der eine göttliche Botschaft hellhörig oder hellsichtig empfangen hat, sich daraufhin als Berufener sieht und diese Botschaft verkündet. In der Bibel ist zum Beispiel häufig von Propheten die Rede.

Was ist eine sich selbst erfüllende Prophezeiung?
Das bedeutet, dass das, was man denkt, in der Folge auch passiert. Das heißt, man zieht Dinge in sein Leben, die man sich sehnlichst wünscht oder die man sehr fürchtet. Man muss sich Sachen nur oft genug vorsagen und vorstellen und eine solche sich selbst erfüllende Prophezeiung kann eintreten.

Was verstehen wir unter Spiritualität?
Damit ist eine geistige Weltsicht gemeint, die sich nicht in das Gewand einer speziellen Religion kleidet.

Was ist Telepathie?
Telepathie ist das Lesen der Gedanken anderer Menschen bzw. Gedankenübertragung.

Ist Träumen und Hellsehen dasselbe?
Die Wissenschaftler forschen, um genaue Abgrenzungen zu finden. Träumen wird jedoch eher mit Schlaf in Verbindung gebracht, Hellsehen eher mit paranormalen Sinneswahrnehmungen im wachen Zustand, wobei es natürlich Überschneidungen gibt.

Was ist eine Vision?
Eine Vision ist eine visuelle Eingebung. Meistens zeigt sie Geschehnisse der Zukunft – man hat das, was geschehen wird, bildhaft vor Augen – und hilft somit bei Entscheidungen.

Was ist die Vogelschau und was die Eingeweideschau?
Die Vogelschau war ein oft verwendetes Hilfsmittel der Priester im antiken Römischen Reich, um etwas vorherzusagen. Aus der Weise, wie Vögel flogen, wurden die verschiedensten Dinge und Ereignisse gedeutet.

Bei der Eingeweideschau wurden Tiere ausgeweidet, um festzustellen, wie die Organe lagen. Nach der Lage wurde dann die Zukunft gedeutet.

Verschiedene Methoden

Brauche ich zum Hellsehen bestimmte Hilfsmittel?
Ja, man kann Hilfsmittel wie I-Ging, Münzen oder Karten einsetzen.

Kann man auch mit Kaffeebohnen hellsehen?
Ja, das funktioniert genauso wie eine Kristallkugel. Es geht einfach um ein Hilfsmittel zur Konzentration. (Näheres dazu bei der nächsten Frage.)

Warum gibt es die Kristallkugel?
Sie ist eine Art Konzentrationshilfe, wahrlich das Symbol schlechthin für Hellseher. Der Seher fragt den Ratsuchenden und konzentriert sich dann ganz auf seine Kräfte. So findet er scheinbar Rat in der Kristallkugel.

Was erzählt uns das Pendel?
Es dient der Beantwortung von Fragen und gibt Auskunft über Gegenwart und Zukunft.

Was ist Rauchlesen?
Wie ich erfahren habe, stammt das Rauchlesen aus dem östlichen Mittelmeerraum. Die alten Mystiker und Wahrsager in der Antike haben die Bewegung des Rauches genauestens studiert und daraus die Zukunft gedeutet.

Was ist Wasserlesen?
Das ist die Deutung von Ringen oder Bewegungen im Wasser, die zum Zwecke des Wahrsagens gedeutet werden.

Zu meiner Person und meinen Erfahrungen

Warum wurden Sie Hellseher?
Ich bezeichne und fühle mich nicht als Hellseher, sondern als Menschen, der viel fühlt. Ich hoffe, dass ich Ihnen mit meinen Anregungen, Erfahrungen und Übungen auch dabei helfen kann, vieles zu spüren, zu erahnen und zu sehen.

Kann man als Hellseher gut leben?
Das kommt darauf an, was Sie unter »gut leben« verstehen. Ich lebe gut, denn ich bin jeden Tag dankbar für alles, was ich habe: meine Gesundheit, meinen Fleiß, meine Familie, meine Freunde und überhaupt meine Mitmenschen.

Ärgert es Sie, wenn Menschen an Ihren Fähigkeiten zweifeln?
Nein, ich kann es verstehen. Manche Menschen haben Angst vor ihren eigenen Gefühlen, ihren Gewissheiten, ihren Wahrheiten. Jeder hat das Recht zu zweifeln. Intelligente Menschen hören auf ihre Gefühle und entscheiden dann, ob sie weiter zweifeln oder nicht.

Über Hellseher

Wie erkenne ich einen seriösen Hellseher bzw. eine seriöse Hell-seherin?

Indem er oder sie Ihnen zuerst einmal wirklich zuhört, Sie ernst nimmt, ehrlich seine/ihre Grenzen nennt. Seriöse Hellse-her schicken ihre Klienten je nach Problem und Fragestellung zu Ärzten, Psychologen, Rechtsanwälten und anderen Exper-ten, wenn sie feststellen, dass ihre Kompetenz überschritten ist. Ein gutes Indiz für das Können und die Professionalität eines Sehers ist, dass dieser nicht über andere Hellseher schimpft und sich nicht als der Beste und Erleuchtetste darstellt, dessen Methode die einzig wahre und richtige ist. In so einem Fall ist höchste Vorsicht geboten. So ein Seher wird niemals zulas-sen, dass Sie alle Ihre Fähigkeiten und Sinne bestmöglich ein-setzen und entfalten. Er wird Sie immer klein halten und kriti-sieren, weil er jeden seiner Klienten als mögliche Konkurrenz sieht.

Sehen alle Hellseher dasselbe?

Jeder Seher hat eigene Fähigkeiten. Manche Seher sind eher hellsichtig, andere hellhörig. Wenn ich mit Kolleginnen und Kollegen spreche, tauschen wir uns oft über wahrgenommene Phänomene aus. Oft sehen wir genau dasselbe, manchmal er-gänzen sich unsere Wahrnehmungen.

Wieso können Hellseher telefonisch hellsehen?

Es gelingt nicht immer, aber sehr oft und gut, wenn der Mensch, der anruft, sich wirklich öffnet und klare Fragen hat.

Wieso können Hellseher nicht jedes Unglück abwenden?

Weil Seher nicht immer alles sehen oder auch weil sie die Betroffenen nicht rechtzeitig erreichen. Manchmal wird der Rat von Sehern auch nicht ernst genommen.

Können Hellseher Vermisste finden?

Es gibt Seher, die sehen, wo sich Vermisste befinden, und können Hinweise dazu geben.

Irren sich Hellseher nie?

Natürlich können sich auch Hellseher irren. Das hängt oft damit zusammen, dass sie nicht immer mit der Wahrheit konfrontiert werden. Das liegt manchmal auch daran, dass sich der Fragende nicht traut oder sich nicht so gut mitteilen kann.

Können Männer oder Frauen besser hellsehen?

Es gibt unter beiden Geschlechtern Koryphäen.

Gibt es unter den Hellsehern Freunde?

Ja natürlich! Wie bei allen Berufsgruppen gibt es echte Freunde, Feinde und Neider.

Können Hellseher für sich selbst alles sehen?
Ja, die meisten Kollegen und Kolleginnen berichten, dass sie das können.

Und wie ist es mit der eigenen Familie?
Viele Seher schauen auch für ihre Familie, andere lassen Freunde oder Vertraute schauen.

Muss ich vor einem Hellseher Angst haben?
Sie brauchen vor gar nichts Angst zu haben. Seien Sie nur immer klug und vorsichtig. Lassen Sie sich nie von einem hellsinnigen oder anderen Menschen manipulieren. Hinterfragen Sie alles, und am wichtigsten ist: Glauben Sie an sich selbst, an Ihre innere Stimme. Sie haben alle Antworten in sich. Auch wenn Sie zu einem Hellseher oder einer Hellseherin gehen, um Fragen zu klären – entscheiden müssen Sie am Ende immer selbst.

Stimmt das, was Hellseher sehen, immer?
Für den Hellseher oder die Hellseherin stimmt es, aber es muss nicht immer für Sie stimmen. Vertrauen Sie Ihrem Bauchgefühl.

Was ist, wenn ich Zweifel an der Richtigkeit der Aussage eines Hellsehers habe?
Wenn Sie Zweifel haben, sprechen Sie diese ruhig an. Manchmal hat der Hellseher sich vielleicht zu wenig konzentriert, oder Sie wollen einfach das, was er sieht, nicht sehen.

Für alle Lebenslagen

Für alle folgenden Fragen habe ich einen besonderen Tipp: Decken Sie als kleines Training die Antworten ab und versuchen Sie, zuerst selbst Antworten zu finden – Antworten, die aus dem Herzen kommen und daher für Sie auch stimmen. Lesen Sie erst dann das, was ich zu jeder Frage geschrieben habe.

Finde ich die große Liebe meines Lebens?
Ja, die finden Sie sicher, wenn Sie sie suchen. Denn die große Liebe Ihres Lebens sollten Sie selbst sein. Ich habe aus meiner jahrelangen Praxis eines erkannt: Die Menschen, die sich selbst lieben, finden auch die große Liebe. Denn ein Mensch ist für andere nur liebenswert, wenn er grundsätzlich im Reinen mit sich selbst ist und das Leben genießen kann. Selbsthass vergiftet jeden Menschen und somit jede Beziehung.

Was habe ich davon, wenn ich hellsehen kann?
Ihr Leben wird noch interessanter und bunter. Sie können sich manche leidvollen Erfahrungen ersparen und können sich und anderen in vielen Situationen helfen.

Können Kinder auch hellsehen?
Ja, es gibt diese Fähigkeit schon im Kindesalter. Bei vielen ist sie sogar sehr ausgeprägt. Für Kinder ist das aber oft nichts Besonderes, weil sie alles mit ihrer spielerischen Leichtigkeit erkunden. Leider geraten solche Fähigkeiten, da sie nicht ge-

pflegt oder gar unterdrückt werden, im Laufe des Erwachsen-
werdens bei einigen Kindern in Vergessenheit und werden
traurigerweise nie wieder entdeckt und ausgegraben.

Brauche ich, wenn ich das Buch lese, nie mehr Hilfe von Dritten?
Ich glaube, dass Sie sich selbst helfen können, sonst hätten Sie
das Buch ja gar nicht gekauft und gelesen. Ihr Wille zum
Selbsterlernen und zur Selbsthilfe ist schon einmal vorhanden.
Trotzdem rate ich immer wieder zum Austausch mit Dritten.
Austausch beflügelt, regt an, und auf diese Art und Weise kön-
nen wir ein ganzes Leben lang weiterlernen.

Wie oft am Tag muss ich am Anfang üben?
Sie sollten die Übungen wie das selbstverständliche tägliche
Duschen, Zähneputzen und Frisieren in Ihren Tagesablauf einbauen. Viele Menschen haben die Sorge, dass sie für die Übungen keine Zeit haben, aber viele Übungen lassen sich in unsere
täglichen Routinehandlungen einplanen. Das heißt zum Beispiel: unter der Dusche bewusst Altlasten wegduschen.

Wie bei allen Dingen, so ist es auch bei den Übungen zum
Trainieren der Hellsinne: Je mehr Sie mit Freude üben, Rück-
schläge wegstecken und weitermachen, desto besser wird es.
Ich empfehle, sechs Tage in der Woche je zehn Minuten zu
üben. Wer Zeit und Lust hat, kann natürlich auch länger üben.

Soll ich am Morgen oder am Abend üben?

Die Übungszeiten bestimmen Sie selbst. Sie sollen durch die Übungen ja nicht gestresst werden, sondern sie als Zeitgeschenk, das Sie sich selbst machen, empfinden.

Kann ich auch mit Freunden bzw. Freundinnen üben?

Das bleibt ganz und gar Ihnen überlassen. Am Anfang ist es jedoch sehr gut, sich ganz auf sich selbst zu konzentrieren. Deswegen sollten Sie die Übungen zuerst lieber allein machen. Die Ergebnisse können Sie aber gern mit Ihren Freundinnen und Freunden besprechen, sofern sie diesem Thema gegenüber aufgeschlossen sind. Ein Erfahrungsaustausch lehrt uns oft überraschende Dinge.

Wieso funktioniert Hellsehen nicht immer?

Weil Seher auch nur Menschen sind – mit guten und schlechten Tagen. Sie sind keine Maschinen, die einfach funktionieren, sondern sie haben auch Krankheiten, Sorgen, Nöte sowie gute und schlechte Zeiten.

Wird die Hellsicht im Alter besser?

Bei manchen ja, bei manchen nein. Hellsichtige Menschen sind Individualisten. Manchmal lassen auch Seher es zu, dass ihre Sinne verkümmern, weil sie vergessen, diese ausreichend zu pflegen.

Müssen Träume immer in Erfüllung gehen?
Nein, aber oft bekommen wir Nachrichten von Verstorbenen
in Träumen übermittelt. Häufig berichten Klienten auch von
Warnträumen. Sie ziehen daraus Konsequenzen und entgehen
damit gefährlichen Situationen.

Muss ich sterben, wenn ich vom Tod träume?
Im Volksglauben heißt es: Wenn jemand vom Tod träumt, lebt
er besonders lang.

Gibt es ein Fortleben nach dem Tod?
Ich glaube daran.

Was Sie mit Hellsehen herausfinden können und wo Sie es besser sein lassen sollten

Kann ich mit Hellsehen Lottozahlen vorhersehen?
Ich glaube nicht, dass das funktioniert, aber es gibt Menschen,
die intuitiv die richtigen Zahlen auf dem Schein ankreuzen
oder Zahlen träumen.

Bin ich gesund, oder habe ich eine schlummernde Krankheit?
Bitte suchen Sie regelmäßig Ihre Ärzte auf. Glauben Sie nicht,
dass irgendein Heiler oder Seher Ihnen dabei helfen kann, gesund zu werden oder zu bleiben. Versuchen Sie, einen gesun-
den Lebensstil zu pflegen – der Rest liegt in Gottes Hand.

Werde ich wieder ganz gesund?

Bitte gehen Sie zu Ihrem Hausarzt. Lesen Sie alles über Ihre Krankheit, tauschen Sie sich mit Betroffenen in Selbsthilfegruppen aus und machen Sie alles, was Ihnen guttut.

Kann ich hellsehen, welche Lebensmittel für mich gesund sind?

Viele hellsichtige Menschen fühlen, was ihnen guttut. Folgen Sie doch einmal selbst Ihrem Gespür. Manchmal gelüstet es Sie nach etwas Süßem, dann sind Sie wahrscheinlich gerade im Stress und brauchen einen Energieschub. Manchmal verlangt der Körper nach einem Smoothie, weil er einen Vitaminkick braucht, um bevorstehende Aufgaben besser zu bewältigen. Beachten Sie immer genau die Bedürfnisse Ihres Körpers. Das heißt: Habe ich wirklich Hunger oder nur Appetit? Wenn ich tatsächlich hungrig bin: Was braucht mein Körper?

Hören Sie in sich hinein und Sie werden feststellen, dass Ihnen Ihr Körper oft sehr viel mehr mitzuteilen hat, als Sie denken. Das In-sich-Hineinhören wird Ihnen langfristig zu einer viel gesünderen Lebensweise verhelfen.

Kann ich hellsehen, welche Medikamente für mich gesund und geeignet sind?

Ich vertraue meinem Arzt. Bei Bedenken sollten Sie immer Rücksprache mit Arzt und Apotheker halten.

Woher weiß ich, ob mich mein Freund wirklich liebt?

Im Grunde Ihres Herzens fühlen Sie es. Sie müssen sich nur darüber im Klaren sein, dass sich Liebe in verschiedenen Handlungen zeigt. Trauen Sie nie nur den Worten, sondern bewerten Sie die Taten der Menschen.

Kann ich in Erfahrung bringen, ob mich meine Freundin betrügt?
Meistens spüren wir genau, wenn etwas nicht stimmt. Oft verleugnen wir aber dann die Gefühle, weil wir hoffen, dass wir uns täuschen und die Realität verdrängen bzw. nicht wahrhaben wollen.

Kann ich sehen, wie viele Kinder ich bekommen werde?
Nein, das geht nicht.

Wird mein Buch ein Bestseller?
Alle Autoren wüssten das gern. Ich weiß nicht, ob Ihr Buch ein Bestseller wird, aber ich weiß: Sie haben die größte Chance, dass es einer wird. Wenn Sie all Ihr Wissen, Ihr Können, Ihre Emotion und Ihren Fleiß in das Projekt legen, dann haben Sie die besten Voraussetzungen dazu.

Schutzengel, Verstorbene und Tiere

Kann ich mit meinem Schutzengel sprechen?
Vielen Menschen gelingt es, Schutzengel nicht nur zu fühlen, sondern auch mit ihnen zu sprechen. Schutzengel machen sich oft über Zeichen bemerkbar, zum Beispiel Federn, die durch die Luft fliegen, oder Autokennzeichen mit gleichen Zahlen wie 333 oder 44. Meine Cousine stellte fest, dass ihr immer

wieder dieselben Kennzeichenzahlen auf der Autobahn auffielen, so als wollte sie jemand vor etwas warnen. Immer wenn sie die Zahlen sah, fuhr sie besonders vorsichtig – und tatsächlich: Manche kritische Situation wurde dadurch entschärft. Sie fühlte: Da ist ein Engel, der bei mir ist und mich beschützt. Ihr gab dieses Gefühl sehr viel Kraft und Zuversicht.

Können Engel hellsehen?
Da müssen Sie Ihren Schutzengel fragen. Da meiner immer da ist, wenn ich ihn brauche, glaube ich, dass mein Schutzengel hellsehen, hellriechen, helltasten, hellhören und hellschmecken kann.

Kann ich mit Verstorbenen kommunizieren?
Das kommt auf den Verstorbenen an. Manche wollen anscheinend keinen Kontakt oder nicht so einen Kontakt, wie wir ihn wünschen. Viele Menschen berichten von dem Phänomen, dass das Gefühl auftaucht, nicht allein im Raum zu sein. Viele träumen auch von Verstorbenen und reden mit ihnen im Schlaf. Niemand weiß, was es ist. Sind es Träume oder Visionen? Ich sehe den Tod als Ende des Körpers, aber nicht als Ende der Seele.

Können Tiere hellsehen?
Mit Sicherheit ja. Denn Tiere müssen ihre Instinkte ein Leben lang trainieren, da dies für sie überlebenswichtig ist. Deswegen sind ihre Sinne meist viel besser ausgeprägt als die der Menschen. Tiere haben feine Sensoren, die beispielsweise Erdbeben

und Umweltkatastrophen wahrnehmen. Es ist egal, wie wir die Phänomene nennen, aber sie sind auch bei Tieren vorhanden.

Ich erzähle Ihnen dazu ein Beispiel. Ein Freund unserer Familie hatte ein Antiquitätengeschäft. Seine gutmütige Hündin schlief den halben Tag zu seinen Füßen im Geschäft. 14 Jahre lang schmuste sie Kunden ab, es gab nie ein Knurren oder Bellen. Eines Tages betrat ein Mann den Laden und forderte Geld. Da kam die Hündin unter dem Schreibtisch hervor und fing zu knurren und zu bellen an. Mit gefletschten Zähnen stand sie vor dem Fremden. Daraufhin suchte der Räuber das Weite. Tage später wurde er dann bei einem anderen Raubversuch mit vielen Waffen festgenommen. Was hatte die Hündin veranlasst, so zu reagieren?

Ihr Hund und Ihre Katze haben auf jeden Fall mehr Kräfte in sich, als Sie ahnen.

Schlusswort

Hellsehen kann Angst machen. Ehrliche Hellseher stehen zu ihren Gefühlen. Es sind Menschen mit starken Gefühlen genau wie Sie. Hellsehen ist schön, beglückend und interessant, aber es kann manchmal auch unheimlich sein. Wenn ich Dinge einfach weiß, wenn ich Dinge als gegeben annehmen muss, wenn es keinen Ausweg gibt, wenn es einfach ist, wie es ist, und einfach geschieht, ist das nicht immer leicht.

Doch das, was man durch Hellsicht sieht, bedeutet einen Wissensvorsprung. Nehmen Sie alle Erlebnisse und Erfahrungen, die Sie damit machen, als Geschenk an. Sie können mehr von der Welt wahrnehmen. Wissen Dinge vorab. Und dieses Wissen ist niemals schlecht. Denn es kann Sie anleiten, warnen oder zum Nachdenken anregen.

Freuen Sie sich über die Erlebnisse aus der Hellsicht. Diese ist wertvoll, und bei genauer Betrachtung ist jede Botschaft sinnvoll – ein Mehrwissen und ein Mehrwert des Lebens.

Wenn eine Botschaft nicht gut zu verdauen ist und Ihnen das, was Ihnen eingegeben wird, unheimlich erscheint, dann ist es am besten, dies einfach niederzuschreiben. Das geschriebene Wort können Sie zu einem späteren Zeitpunkt erneut lesen. Das bringt eine gewisse Abstraktion mit sich, und die Unheimlichkeit verschwindet. Bei nüchterner Betrachtung bleiben Papier aus Holz oder Recyclingmaterial und aufgedruckte Buchstaben in Schwarz – was soll daran Angst machen? So lernen Sie, mit anfänglich unheimlichem Wissen richtig umzugehen.

Sie haben mich nun ein Stück des Weges begleitet. Vieles, was Ihnen vorher am Phänomen Hellsehen geheimnisvoll und unverständlich erschien, wurde Ihnen vielleicht klarer. Bei manchen Phänomenen haben Sie vielleicht erkannt, dass Sie nicht allein so empfinden, sondern mit Ihren Erfahrungen und Gefühlen in Gesellschaft vieler anderer sind.

Unsere Welt ist voller Wunder. Gönnen Sie sich die kleinen und großen Wunder jeden Tag.

Zum Schluss noch etwas, was ich Ihnen unbedingt mit auf den Weg geben will:

Die magische Glücksformel

Ich bin das Glück.
Ich verschenke das Glück.
Ich bekomme das Glück geschenkt.
Ich bin das Glück.
Ich habe alles, was ich brauche, an Wissen in mir.
Ich mache mich selbst glücklich.
Bin ich glücklich, so kann ich Glück verschenken.

ANHANG

Selbsttests

Power Box

a. Hellsicht-Test

Denken Sie über Ihre hellsichtigen Erlebnisse nach.

Ich sehe

manchmal	3 Punkte
selten	2 Punkte
oft	4 Punkte
nie	0 Punkte
ständig	5 Punkte

Ich sehe

klar	5 Punkte
verschwommen	3 Punkte
kann mich nicht erinnern	1 Punkt

Ich sehe

kurze Ausschnitte	3 Punkte
richtige kleine Geschichten oder Situationen	5 Punkte
kann mich nicht erinnern	1 Punkt

Auswertung

Ab 14 Punkten: Willkommen in der Liga der Profi-Hellseher!

Ab 9 Punkten: Das sind solide Hellsicht-Fähigkeiten. Durch oftmaliges Üben kann die Klarheit gesteigert und das Gesehene deutlicher werden.

Ab 2 Punkten: Sie verfügen über Basisfähigkeiten, die Sie mit den Übungen im Buch ausbauen können. So werden Sie deutliche Verbesserungen erreichen.

b. Projektions-Test

Schließen Sie die Augen und stellen Sie sich einen Baum vor. Merken Sie sich, wie er aussieht: Größe und Art, Farbe sowie Lage.

Auswertung

Größe

Groß	5 Punkte
Mittel	3 Punkte
Klein	1 Punkt

Art

Nadeln	2 Punkte
Blätter	5 Punkte
Palme	4 Punkte
Gummibaum	1 Punkt
Stachelig	3 Punkte

Farbe

Dunkel	1 Punkt
Sattes Grün und Braun	2 Punkte
Weiß beschneit	4 Punkte

Lage

Freie Landschaft	1 Punkt
Strand	3 Punkte
Berg	4 Punkte
Stadtgebiet	5 Punkte

Ab 18 Punkten: Sie können die Informationen, die Ihnen zur Verfügung stehen, perfekt verarbeiten.

Ab 8 Punkten: Sie sind offen für hellsichtige Informationen, können diese aber oft nicht deuten oder sich an Details erinnern.

Ab 4 Punkten: Sie befinden sich im Anfangsstadium des Hellsehens. Sie haben Erlebnisse, die Ihr Interesse wecken und auf denen Sie aufbauen können.

c. Haus-Test

Lassen Sie den liebsten Menschen, den es in Ihrem Leben gibt – egal ob er unter uns weilt oder schon von uns gegangen ist –, in Gedanken durch ein Haus spazieren. Nehmen Sie sich viel Zeit. Mit welchen Worten lässt sich der Spaziergang am besten beschreiben?

Die Person ging

langsam	1 Punkt
schnell	3 Punkte

ist gelaufen	5 Punkte
bewegte sich gar nicht	1 Punkt

Die Räume waren

klein	1 Punkt
mittel	3 Punkte
groß	5 Punkte

Ich habe das Äußere des Hauses gesehen.

ja	5 Punkte
nein	1 Punkt

Die Räume waren

prunkvoll	5 Punkte
schlicht	1 Punkt
ganz durchschnittlich	3 Punkte

Die Räume kenne ich tatsächlich aus meinem bisherigen Leben.

ja	1 Punkt
nein	5 Punkte

Auswertung

Ab 15 Punkten: Sie haben eine sehr schnelle und vor allem gefestigte hellsichtige Gabe. Jetzt heißt es, dranbleiben und die Türen der Hellsicht auf Dauer offenhalten.

Ab 8 Punkten: Ihre Fähigkeit hellzusehen ist in der Entwicklungsphase. Wenn Sie jetzt Ihr Wissen nutzen, werden Sie Menschen anziehen, die Sie weiterbringen.

Ab 5 Punkten: Mit regelmäßigem Üben wird Ihre Fähigkeit hellzusehen wachsen und Früchte zeigen.

Optische Tests

∞

Bild 1

Betrachten Sie das Bild eine Weile. Was sehen Sie?

Ich sehe viele einzelne Schmetterlinge versammelt.

Sie sind ein Detailseher und können kleine Dinge genau erkennen. Verlieren Sie aber bitte die Struktur in ihrer Gesamtheit nicht aus den Augen.

Tipp: Versuchen Sie, auch rund um die Details, die Ihre Aufmerksamkeit auf sich ziehen, wahrzunehmen und die Zusammenhänge zu verstehen. Ein Detail allein bringt oft noch keine Klarheit. Sehen Sie einen Füllfederhalter, ist es gut. Sehen Sie das Papier dazu, ist es besser. Wenn Sie sehen, was darauf geschrieben steht, ist es optimal.

Ich sehe ein Herz als Ganzes.

Sie sehen sehr global, und das ist grundsätzlich sehr gut. Mit einem derartigen Blick fürs Ganze haben Sie auch eine gute Übersicht. Ihre Aufgabe ist es, auch auf die Details zu achten. Mit anderen Worten: Sie sehen ein Haus, dann das Fenster und vielleicht, was die hinter der Scheibe sitzende Person macht. Optimalerweise wissen Sie sogar, was geschehen wird.

Ich sehe ganz etwas anderes.

Sie haben auf jeden Fall eine blühende Fantasie. Das ist grundsätzlich gut, fürs Hellsehen jedoch ein Hindernis. Nur die klare Deutung des Gesehenen ohne weites Ausholen, Fantasieren oder Ausmalen macht Sinn. Sie müssen lernen, das Gesehene so zu erfassen, wie es ist – sowohl im Detail als auch als großes Ganzes.

∞

Bild 2

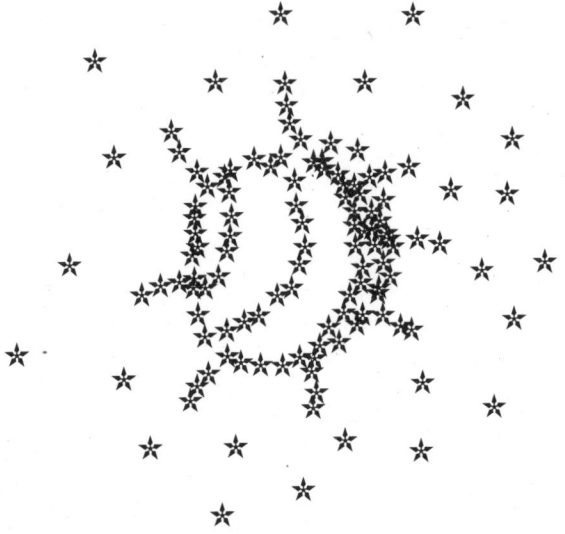

Was sehen Sie bei der Betrachtung dieses Bildes?

Ich sehe einen Mond.

Sie gehören zu den Nacht-Sehern. Ihre hellsichtigen Erlebnisse haben Sie vor allem in der Nacht. Versuchen Sie daher stets, möglichst viele Details aus der Schlaf- und Traumphase in Erinnerung zu behalten. Dann können Sie am meisten von Ihren besonderen Fähigkeiten profitieren. Das Schöne am Nachtsehen ist, dass es ausgesprochen präzise ist.

Ich sehe eine Ansammlung von Sternen.

Sie gehören zu den Panorama-Sehern. Ihre hellsichtigen Erlebnisse ergeben sich oft aus der Weite der Eindrücke des Lebens. Sie werden eher Gesamtsituationen erfassen und den Überblick behalten. Das Detail wird Sie jedoch weniger beschäftigen.

Ich sehe mehrere Gruppen von Sternen.

Sie gehören zu den detektivischen Sehern. Ihre Fähigkeit ermöglicht es Ihnen, Details aus der Gesamtheit heraus zu sehen und gut zu strukturieren. Sie werden das Gesehene besonders genau deuten können. Details bleiben Ihnen dabei nicht verborgen, sondern erschließen sich bei genauer Konzentration.

Ich sehe scharfe Zacken.

Sie gehören zu den Menschen, die mikroskopisch genau mit ihrer Hellsicht arbeiten können. Sie sehen nicht nur die Mondform, die Sterne, deren Anordnung und Gruppierung, sondern jeden kleinen Zacken. Der Blick für Details macht Ihre Hellsicht spannend, aber teilweise auch sehr anstrengend. Versuchen Sie, von den Details abgehoben auch Gesamtbewegungen zu sehen.

Ich sehe ganz etwas anderes.

Sie müssen mehr Konzentration aufbringen. Nicht die Fantasie soll in der Hellsicht hochkommen, sondern das Gesehene Ihre Eindrücke füllen. Für kreative Menschen wie Sie ist es wichtig, sich Zeit für die Übungen zur Hellsicht zu nehmen.

Bild 3

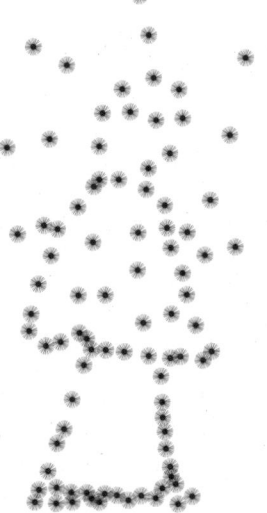

Was sehen Sie bei der Betrachtung dieses Bildes?

Ich sehe einen Pilz.

Sie haben eine starke Erdverbundenheit und gehören in die Kategorie der Erd-Seher. Da sich Ihre Energien besonders mit der Natur verbinden, ist diese auch die nie versiegende Quelle Ihrer hellsichtigen Erfahrungen. Sie sind besonders wissenshungrig und ziehen deshalb Informationen auch besonders gut an.

Ich sehe einen Engel.

Sie sind mit der Himmelsenergie und dem Universum im Einklang. Ihre Botschaften kommen von oben und sind äußerst klar und rein. Wenn Sie zum Himmel gucken, werden Sie den Informationsfluss spüren. Sie können die Kanäle stärken, indem Sie Ihre Arme und Hände zum Himmel richten. Sie haben dann eine noch stärkere Empfangsantenne, vergleichbar mit den großen Antennen auf Berggipfeln.

Ich sehe einen Baum.

Sie sind sehr farb- und bildsichtig. Durch Ihre besondere Gabe kommt Ihnen die Zukunft in Bildern vor das geistige Auge. Sie haben eine ganze Galerie an Eindrücken, die Ihnen offensteht. Und aus dieser können Sie zahlreiche Botschaften herausholen, wie ein Sammler oder Kunstexperte, der jedes Detail und jeden Pinselstrich kennt.

Ihr Vorteil ist, dass Bilder eine klare und deutliche Sprache sprechen und Sie nicht viel Zeit zum Erörtern Ihrer hellsichtigen Inputs benötigen. Ein Bild sagt mehr als tausend Worte.

Ich sehe ein Gesicht.

Sie sind ein Hellseher, der über die Energie von Personen Botschaften und Informationen erhält. Wenn Sie an jemand Bestimmten denken, eröffnen sich Ihnen Informationen über diese Person und Sie wissen Dinge, die sonst nur wenigen Menschen zugänglich sind. Auch ein Foto kann eine Brücke zu einem Menschen darstellen und ist höchst effektiv. Wenn Sie einen anderen auf einem Bild sehen, startet ein Fluss der Energie und des Wissens und steuert unaufhaltsam in Ihre Richtung. Das ist die persönliche Energie des Menschen, der abgebildet ist, und daher sind die Botschaften so klar wie die direkte Verbindung zwischen zwei Personen, die einander live gegenüberstehen.

In der höchsten Stufe des Hellsehens können Sie den Informationsfluss besonders gut steuern, und vor allem können Sie ihn sogar ein- und ausschalten. Dies ist notwendig, denn sonst würden Ihnen beim Lesen einer Illustrierten bei jedem einzelnen der vielen Bilder Informationen und hellsichtige Botschaften und Geschichten zugehen. Das wäre einfach zu viel.

Ich sehe Sterne.

Sie sind ein Detailseher. Kleinigkeiten, die andere nicht sehen können, eröffnen sich Ihnen beim ersten Gedanken, wenn Sie gerade über eine Person oder ein Thema reflektieren. Je mehr Details Sie zur Verfügung haben, desto genauer wird das Ganze. Wichtig ist für Sie, dass Sie das Puzzle der Detailinformationen zu einem Gesamtbild zusammenzufügen. Wenn Sie sich Zeit nehmen, Elemente genau zusammenzufügen, werden sich Ihnen sinnvolle Einheiten erschließen. Details machen in der Gesamtbetrachtung noch mehr Sinn. Versuchen Sie einmal, statt den Sternen die Gesamtheit zu sehen, und neue Bilder scheinen am Horizont auf.

Ich sehe ganz etwas anderes.

Sie müssen die Kirche im Dorf lassen. Eine Vermischung von Realität und Fantasie erzeugt ein Sammelsurium aus unwirklichen Bildern, die keine Aussagekraft mehr haben. Wenn man aus dem Bild die Fantasie weglässt und es kritisch betrachtet, bleiben nur einige Versionen, die allesamt auf der Hand liegen, und eine dieser Versionen zählt dann auch!

Bild 4

Was sehen Sie auf diesem Bild?

Ich sehe Augen in einem runden Gesicht.
Sie haben die Gabe, mit Ihrem Blick hinter die Fassade zu gucken. Es offenbaren sich Ihnen Zusammenhänge, wenn Sie genau hingucken. Wenn Sie zum Beispiel einen Clown beobachten, der in einem Vergnügungspark arbeitet und lacht, weil

er dies muss, so können Sie erkennen, ob er von innen her lacht oder ob er gerade traurig ist und nur eine Maske aufhat. Sie lesen in ihm wie in einem offenen Buch und sehen die Wahrheit seines Inneren. Diese Gabe ermöglicht es Ihnen, anderen Menschen zu helfen und sie auf den richtigen Weg zu bringen.

Ich sehe ein Kreuz.
Sie verfügen über eine höhere Gabe und stehen über diese in Verbindung mit der geistigen Welt. Ihre Energie ist eine Lichtenergie, und Sie suchen die Sonne, denn diese stärkt Sie und gibt Ihnen Power. Im Licht verbergen sich Bilder, die sich Ihnen offenbaren.

Ich sehe eine Schnecke.
Sie haben Angst, Ihre Fähigkeiten anzunehmen, und müssen viel üben. Lassen Sie sich gehen und von Ihren Fähigkeiten tragen. Sie müssen ohne jeglichen Druck an das Hellsehen herangehen. Der Umgang mit den Erlebnissen aus dem seherischen Bereich soll ganz mild und friedlich sein. Langsam und gemächlich wie eine Schnecke wird Ihre Hellsicht ihren Entwicklungslauf nehmen. Dafür sind Ihre Fähigkeiten dann gefestigt und stabil.

Ich sehe ein Rad.
Technische Hilfsmittel wie Münzen, Pendel oder Rute, alle aus Metall, bringen Sie weiter. Versuchen Sie, die Hilfsmittel herauszufinden, die für Sie am besten sind. Das spüren Sie, wenn

Sie sie in die Hand nehmen. Eine Einheit und Verschmelzung fühlen Sie nur dann, wenn es das für Sie passende Werkzeug ist. Je mehr Sie sich auf Ihr(e) Hilfsmittel verlassen, desto besser und genauer werden sie für Sie arbeiten. Vertrauen bringt hier Deutungssicherheit.

Ich sehe ganz etwas anderes.
Sie sehen Dinge, die andere nicht sehen. Solange diese Dinge stimmen, ist es okay. Um in der Frage, ob Sie richtig liegen oder nicht, Sicherheit zu gewinnen, sollten Sie möglichst oft die Übungen aus diesem Buch machen.

DANKSAGUNG

Ich danke für die große Unterstützung und Energie bei der Verwirklichung meines Buches meinen Eltern Prinzessin Antonia und Prinz Waldemar, Katharina Kat Boe Bösenecker sowie dem tollen Team vom Verlag: Ulrich Ehrlenspiel, Sabine Stechele, Carin Sackermann, Usha Swamy und Daniela Weise. Für mein Wissen danke ich meiner geliebten Großmutter Mag. Dr. Edith Schöppl, Prinzessin Helga-Lee zu Schaumburg-Lippe, meinem Doktorvater Prof. Dr. Dr. h. c. mult. Theo Mayer-Maly, meiner lieben New Yorker Freundin Liza Minnelli, Luigi Faccuito, dem Pionier des Jazzdance, und Quincy Jones, der mir immer so herzlich schreibt.

Über den Autor

Mag. Dr. Mario-Max Prinz zu Schaumburg-Lippe, MAS, LL.M, wurde in Salzburg geboren und ist deutscher Staatsbürger, da sein Vater aus dem Fürstenhaus zu Schaumburg-Lippe-Nachod stammt. Seine Hoheit Prinz Waldemar ist der Chef des Nachoder Fürstenhauses und Cousin der dänischen Königin Margrethe II. Seine besonderen Fähigkeiten hat Prinz Mario-Max im Kindesalter entdeckt, und seine Mutter I. H. Dr. Gertraud Antonia Prinzessin zu Schaumburg-Lippe Wagner-Schöppl hat diese stets gefördert. So durfte der kleine Prinz mit der Ahnin I.H.D. Prinzessin Helga-Lee zu Schaumburg-Lippe (der Gattin des berühmten Rennfahrers S.H.D. Max Prinz zu Schaumburg-Lippe aus Schloss Pfaffstätt) die Welt erkunden.

Vier akademische Abschlüsse hat sich der Prinz an den Universitäten von Salzburg, Wien, Innsbruck und Dresden erarbeitet. Prinz Mario Max kann auf Quotenerfolge bei diversen Sendern, unter anderem RTL, Sat 1 und Pro 7 verweisen. Auf der Bühne hat er die Lebensfreudemessen eröffnet, Hauptrollen im Broadway-Musical »Pretty Faces« von Robert W. Cabell gespielt sowie in »Dracula«, aber auch Charity für den Produzenten Quincy Jones und seine Jazz Foundation im berühmten B. B. King Blues Club in New York organisiert.

Durch seine Fähigkeiten zählt Prinz Mario Max zu den beliebtesten Beratern bei Questico und Astro TV. Zu der Parfüm-, Mode- und Schmucklinie kamen auch Ratgeber zum Pendeln und I Ging. Das neueste Projekt der fürstlichen Familie ist die BUDDHA Shisha Lounge Salzburg, wo sich Menschen täglich ganz ungezwungen bei tollen Partys kennenlernen können. Prinz Mario Max ist Schirmherr der Handy-Apps IHelpU und INeedU, die Leben retten können.